곱구나! 우리 장신구

곱구나! 우리 장신구

글 박세경 | 그림 조에스더

초판 1쇄 펴낸날 2014년 11월 18일 | 초판 13쇄 펴낸날 2024년 6월 4일
편집장 한해숙 | 기획편집 신경아 | 디자인 최성수, 이이환
마케팅 박영준, 한지훈 | 홍보 정보영, 박소현 | 경영지원 김효순
펴낸이 조은희 | 펴낸곳 ㈜한솔수북 | 출판 등록 제2013-000276호 | 주소 03996 서울시 마포구 월드컵로 96 영훈빌딩 5층
전화 02-2001-5823(편집), 02-2001-5828(영업) | 전송 02-2060-0108 | 전자우편 isoobook@eduhansol.co.kr
블로그 blog.naver.com/hsoobook | 인스타그램 soobook2 | 페이스북 soobook2
ISBN 979-11-7028-681-3 74910
ISBN 979-11-85494-59-3(세트)

ⓒ 2014 박세경, 조에스더
※ 저작권법으로 보호받는 저작물이므로 저작권자의 서면 동의 없이 다른 곳에 옮겨 싣거나 베껴 쓸 수 없으며 전산장치에 저장할 수 없습니다.
※ 값은 뒤표지에 있습니다.

어린이제품안전특별법에 의한 제품 표시
품명 도서 | 사용연령 만 8세 이상 | 제조국 대한민국 | 제조자명 ㈜한솔수북 | 제조년월 2024년 6월

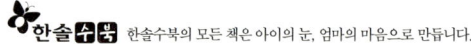

곱구나! 우리 장신구

글 박세경 · 그림 조에스더

한솔수북

들어가는 말

🌹 나는 외출할 때면 거울 앞에서 단장을 해. 마치 이 세상에서 제일 예쁜 사람이 누구냐 묻는 듯이 거울을 쳐다보며 머리핀을 꽂고 귀걸이를 걸지.

🌹 가족과 함께 캐나다로 이민을 가게 된 친구가 나와 헤어지는 게 못내 아쉬웠는지 자기가 아끼던 부채를 주고 떠났어.

🌹 어느 날 나를 사랑하는 엄마가 세상을 떠났어. 엄마가 끼던 초록 옥가락지를 가끔 엄마 생각이 날 때 손가락에 끼고는 해.

위에 나온 머리핀, 귀걸이, 부채, 반지 등을 모두 장신구라 해. 모자나 비녀처럼 머리에 하거나 목걸이처럼 목에 하는 것, 부채처럼 들고 다니는 것이나 신발도 장신구에 속하지. 옷에 다는 단추도 장신구야. 장신구는 이처럼 몸을 치장하기 위해 쓰는 모든 소품을 말해. 또 위의 글을 보면 무언가를 기억하거나 의미를 나타내기 위해 장신구를 쓰는 경우도 있다는 걸 알 수 있겠지?

　먼 옛날에는 귀신을 쫓으려고 장신구를 했대. 짐승을 잡아먹고 난 뒤 짐승의 뼈나 이빨로 장신구를 만들어 몸에 걸치면 나쁜 기운이 달아난다고 생각했지.

　장신구는 보통 우리 주위에 흔히 있는 것이 아닌 귀한 것으로 만들었단다. 비싼 금으로 만든 장신구를 하면 부자, 높은 사람으로 보이지 않겠어?
　이렇듯 장신구는 멋을 내기 위해서뿐만 아니라, 특별한 의미를 나타내거나 귀신을 쫓기 위해서도 했고, 자기 신분을 드러내기 위해서도 했어.
　오랫동안 여러 용도로 사용해 오던 장신구를 보면 조상들이 어떻게 살아왔는지 보여. 선사 시대의 조개껍데기 가면을 보면 그때 사람들이 조개를 많이 먹었다는 것을 알 수 있고, 동물 뼈로 만든 뒤꽂이를 보면 당시 어떤 동물을 잡아먹고 살았는지를 알 수 있지. 왕이 쓰는 금관에 새 날개 장식을 한 것을 보면 새가 지배자를 상징하는 동물이었음도 알 수 있어.
　이제 너희를 장신구의 세계로 초대할 거야. 초대장을 받으면 바로 장신구의 세계로 들어오렴. 너희가 소중하게 생각하는 장신구가 입장료이니 장신구 하나씩 챙겨 오는 것도 잊지 말고. 멋진 장신구에 얽힌 우리 역사와 문화를 함께 살펴보자. 자, 어서들 들어와.

박세경

차례

들어가는 말 · 4

조상들과 장신구
재미있는 옛이야기, 멋있는 장신구 이야기
물거품으로 만든 장신구 · 10 | 옥잠화로 피어난 옥비녀 · 12
댕기 노래 · 14 | 얼레빗과 거울 · 16 | 가체 올린 어린 신부 · 18
장신구! 그것이 더 알고 싶다 **장신구를 만드는 재료** · 20

장신구로 보는 오천 년 우리 역사
장신구에 담긴 반짝반짝 우리 역사
선사 시대의 장신구 · 28 | 삼국 시대의 장신구 · 32
고려 시대의 장신구 · 38 | 조선 시대의 장신구 · 41
개화기와 현재의 장신구 · 44
장신구! 그것이 더 알고 싶다 **조선 시대 여인들의 필수품** · 46

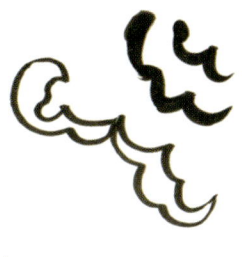

전통 장신구의 종류와 쓰임
멋 내고, 뽐내고! 다양한 우리 장신구

머리에 하는 장신구 · 50 | 몸에 하는 장신구 · 64
발과 팔에 하는 장신구 · 70 | 갖고 다니는 장신구 · 75

장신구! 그것이 더 알고 싶다 **장신구에 새긴 여러 가지 무늬** · 80

사람의 일생과 장신구
특별한 날, 더욱 특별한 장신구

돌잔치 때의 차림과 장신구 · 84 | 어린이의 차림과 장신구 · 86
장원 급제 때의 차림과 장신구 · 88 | 혼례 때의 차림과 장신구 · 90
장례 때의 차림과 장신구 · 92

장신구! 그것이 더 알고 싶다 **조상들의 장신구를 직접 만날 수 있는 곳** · 94

마무리 퀴즈 · 97

조상들과 장신구

재미있는 옛이야기, 멋있는 장신구 이야기

장신구 세계에 온 걸 환영합니다.
이제 들려줄 장신구 이야기에서 반달처럼 생긴 빗이 무엇인지 찾아야 이 세계에서 빠져나갈 수 있습니다.
그럼, 장신구에 얽힌 이야기 속으로 들어가 볼까요?
(정답은 21쪽에)

우리 어디로 가는 거야?

저 언니는 누구야!

이게 무슨 일이지?

물거품으로 만든 장신구

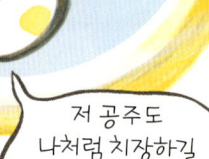

옛날에 왕자 열다섯과 공주 하나를 둔 임금님이 살았어.
　임금님은 하나밖에 없는 공주를 어여삐 여겨서 늘 공주와 함께 시간을 보냈고, 공주가 해 달라는 것은 무엇이든 해 주었지.
　그러던 어느 날 저녁, 비가 와서 땅에 빗물이 많이 고였어. 고인 물 위에 빗방울이 떨어지니 물거품이 생겼겠지? 물거품은 불빛을 받아 화려하게 빛이 났어. 그러자 공주는 문득 물거품으로 만든 보석이 갖고 싶어졌어.
　"아바마마, 물거품으로 장신구를 만들어 머리에 꽂으면 예쁠 거예요."
　"눈 깜짝할 사이에 사라지는 물거품으로는 보석을 만들 수 없단다."
　"앙앙. 물거품 보석 장신구를 꼭 갖고 싶어요. 어떻게든 만들어 주세요."
　임금님은 어쩔 수 없이 전국 방방곡곡에 있는 장인들을 불러들였어.
　"공주가 물거품 장신구를 갖고 싶다고 하니 서둘러 만들도록 하라."
　장인들은 손에 잡히지도 않는 물거품으로 장신구를 어찌 만들어야 할지 몰라 서로 얼굴만 멍하니 쳐다보았어. 그때 한 늙은 장인이 나섰어.
　"전하, 제가 공주님을 만나서 이야기를 나눈 다음에 만들겠습니다."
　임금님은 재빨리 공주를 불렀지. 늙은 장인이 공주에게 말했어.

"저는 아름다운 물거품을 구별해 낼 수 없으니, 공주님께서 직접 물거품을 골라 제게 주시면 아름다운 장신구를 만들어 드리겠습니다."

공주는 그길로 물이 고인 곳으로 달려가 물거품을 잡으려고 손을 뻗었어. 그러나 공주의 손이 닿자마자 물거품이 사라져 버렸어. 공주는 하루 종일 애썼지만, 물거품은 끝내 잡히지 않았어.

임금님이 공주에게 물거품을 가져왔느냐고 물었어. 공주는 힘없이 말했어.

"물거품은 잡을 수 없어요. 잠깐 있다가 금방 사라져 버리는걸요. 물거품 대신 금으로 머리 장신구를 만들어 주신다면 밤낮으로 머리에 꽂겠어요."

부처님 말씀을 기록한 책 《팔만대장경》에 나오는 이야기야. 공주는 화려한 장신구가 한순간 반짝이고 사라지는 물거품 같다는 것을 깨닫지 않았을까? 또 장신구로 겉모습을 꾸미는 것보다 마음을 아름답게 가꾸는 게 더 중요하다는 것도 깨달았겠지?

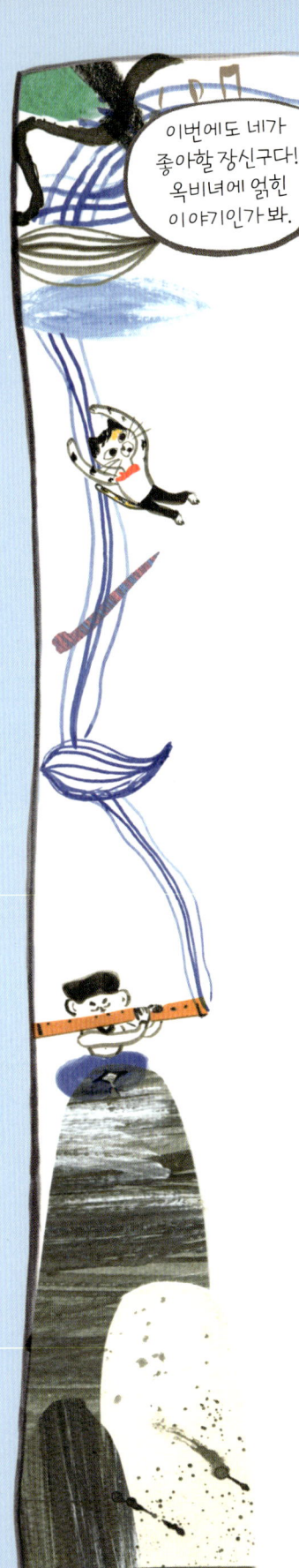

옥잠화로 피어난 옥비녀

옛날 중국 어느 마을에 피리를 부는 청년이 있었어. 피리를 어찌나 잘 부는지 모두들 청년의 피리 소리에 취해 넋을 잃곤 했지.

어느 달 밝은 날 밤이었어. 그날도 어김없이 청년은 피리를 불었지. 아무도 들어 본 적이 없는 아름다운 곡이었어. 피리를 다 불고 났는데, 하늘에서 어여쁜 선녀가 내려와서 청년에게 말했어.

"달나라에 계신 공주님께서 피리 소리를 듣고 매우 좋아하셨답니다. 공주님은 당신이 연주하는 아름다운 피리 소리를 또 듣고 싶어서 창가에 앉아 기다리고 계십니다. 그러니 다시 한 번만 들려주시겠어요?"

선녀의 부탁을 듣고 청년은 피리를 다시 불었어. 피리 소리는 바람을 타고 달나라까지 전해지는 듯했어.

청년이 피리 연주를 끝내자 선녀가 고맙다고 하면서 머리에 꽂았던 옥비녀를 뺐어. 바로 그때 휭 하고 바람이 불어와 비녀를 뺀 선녀의 머리카락이 흩날렸지. 청년이 선녀의 흩날리는 머리카락을 멍하니 보고 있는 사이에 선녀는 청년에게 옥비녀를 던져 주고 하늘로 올라갔어.

청년은 선녀가 던져 준 옥비녀를 받으려고 손을 내밀었지만, 옥비녀를 놓치고 말았어. 그리고 옥비녀는 땅에 떨어져서 댕강 하고 부러지더니 사라져 버렸지. 그리고 옥비녀가 떨어진 곳에서 흰색

꽃이 피어났어. 그 꽃이 바로 옥잠화야. 옥잠화는 '옥비녀 꽃'이라는 뜻이지.

옥잠화의 꽃말은 '침착하고 조용한 사랑'이래. 선녀가 고마운 마음을 차마 말로는 다 표현하지 못해서 옥비녀 장신구를 남기고 간 건 아닐까? 너희도 옥잠화 향기를 맡으면서 귀를 기울여 봐. 청년이 불던 피리 소리가 옥잠화에서 피어나는 향기에 실려 들려올지도 몰라.

옥비녀 장신구로 머리치장뿐 아니라 고마운 마음까지 표현하다니. 정말 멋진걸!

댕기 노래

댕기 댕기 궁초댕기
우리 아배 서울 가서
닷 냥 주고 떠 온 댕기
우리 어매 수공 들여
곱게 곱게 접은 댕기
우리 오빠 욕심 댕기
우리 형아 개살* 댕기
우리 동생 눈물 댕기
골목골목 자랑 댕기
동네방네 구경 댕기

성안에 널뛰다가
성 밖에 잃은 댕기
열다섯 서지군
주운 댕기 나를 주라

*개살 : '샘'을 뜻하는 사투리

우아, 머리 장신구 댕기로는 노래도 만들었네.

옛날 여자아이들에게 댕기는 멋을 내는 중요한 장신구였나 봐.

치맛자락 마주칠 때
너를 주마 너를 주마
동솥 걸고 큰솥 걸고
살림 살 때 너를 주마

  옛날 여자아이들이 부르던 민요야. 아버지가 서울에서 끊어 온 옷감으로 만들어 준 댕기 하나 때문에 형제 사이에서 벌어진 많은 일들을 보여 주고 있지. 머리끝에 매단 고운 댕기가 동네방네 자랑할 거리가 되고 구경거리가 되었음을 알 수 있겠지? 친구들이 부러워하고 언니는 샘을 내고 동생은 울고불고했다는 이야기가 참 재미있게 묘사되어 있구나.

  이어지는 두 번째 연은 널뛰다가 잃어버린 댕기를 돌려 달라고 하는 내용이야. 당시 이런 일이 종종 있었던지 〈궁초댕기〉라는 다른 민요에서도 비슷한 이야기가 나온단다.

얼레빗과 거울

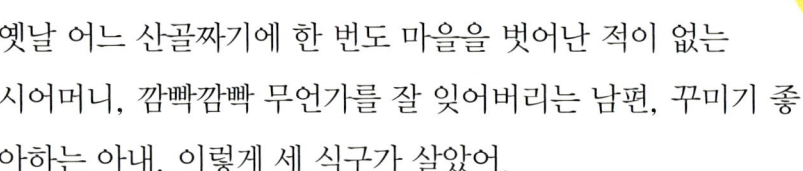

옛날 어느 산골짜기에 한 번도 마을을 벗어난 적이 없는 시어머니, 깜빡깜빡 무언가를 잘 잊어버리는 남편, 꾸미기 좋아하는 아내, 이렇게 세 식구가 살았어.

어느 날, 장을 보러 떠나는 남편에게 아내가 부탁했어.

"여보, 얼레빗 좀 사다 주시오."

"얼레빗? 그게 뭐요?"

"반달같이 생긴 빗이라오. 기억이 나지 않거든 저 달을 보시오."

남편은 며칠을 걸어 장에 도착해서 이것저것 장을 봤어. 그러다 집에 갈 때가 되었는데 뭔가 허전한 거야.

남편은 아내의 말을 곰곰이 되짚어 보다가 기억이 나지 않으면 하늘에 떠 있는 달을 쳐다보라는 말을 기억해 내고는 하늘을 올려다보았지. 그런데 그날은 마침 보름이라 하늘에 둥근달이 떠 있었어. 집을 떠날 때에는 반달이었는데, 며칠이 지나 이제는 보름달이 된 것이었지. 남편은 장신구 상인에게 달려갔어.

"저 달과 똑같이 생긴 것을 주시오."

"보름달과 똑같이 생긴 것이라……. 이 거울 말이오?"

"옳거니! 바로 이거요! 고맙소."

남편은 콧노래를 부르며 집으로 돌아왔어. 아내는 남편을 보고는 버선발로 뛰어나갔지.

"내가 부탁한 것 사 왔소?"

남편은 허허 웃으며 거울을 아내에게 내밀었어.

"이건 뭐요?"
거울을 들여다보던 아내가 깜짝 놀라 남편에게 소리를 질렀어.
"얼레빗을 사다 달라고 했더니 웬 여자를 데려왔소?"
아내는 그길로 시어머니에게 달려갔어.
"어머니, 저이가 웬 젊은 여자를 데리고 왔어요!"
놀란 시어머니는 그 여자를 혼내려고 거울을 받아 들었어. 그러고는 며느리에게 말했지.
"젊은 여자가 어디 있다고 그러냐? 내 눈에는 웬 할머니만 보이는구먼."

그래서 어떻게 됐냐고? 깜짝 놀라 달려온 남편이 자기 모습을 거울에 비춰서 보여 주었대. 그 뒤로 시어머니와 아내는 맨날 거울 속 자기 얼굴을 들여다보며 방긋방긋 웃었다지, 아마.

가체 올린 어린 신부

어느 부잣집에 열세 살 된 어여쁜 신부가 있었어. 신부는 늘 남보다 예뻐 보이기 위해 꾸미기를 좋아했지. 그래서 돈만 생기면 장신구를 이것저것 사들였어. 가락지, 노리개뿐 아니라 머리에 올리는 가체(머리가 풍성해 보이도록 덧붙이는 다른 머리카락), 그리고 가체를 더 화려하게 장식할 선봉잠과 떨잠까지, 신부에게는 없는 장신구가 없을 정도였어.

살랑살랑 봄바람이 부는 어느 날, 동무들과 꽃구경 가기 위해 잘 차려입은 신부는 방 안에 앉아 머리를 이리저리 돌리면서 거울을 들여다보고 있었어. 머리에는 얼굴보다 몇 배나 큰 가체가 올려져 있었지. 가체 한가운데에는 선봉잠, 양쪽에는 떨잠이 세 개씩이나 꽂혀서 머리를 돌릴 때마다 파르르 파르르 떨리고 있었고. 방에는 이 밖에도 가체를 장식하는 장신구가 잔뜩 놓여 있었어.

'떨잠 하나 더 꽂을까? 아니야, 이만하면 이 대감댁 며느리보다 예쁠 거야.'

신부는 자기도 모르게 기분이 좋아져서 살짝 미소를 지었어. 무거운 가체 때문에 목을 가누기가 힘들었지만 예뻐 보이는데 그게 무슨 상관인가 했지.

그런데 바로 그때, 밖에서 시아버지 기침 소리

가 들리는 거야. 신부는 시아버지에게 들킬세라 방에 널린 떨잠들을 주워 담고 일어나다가 그만 뒷목을 잡고 방바닥에 나동그라지고 말았어. 높이 올린 가체가 너무 무거워서 목을 가눌 수가 없었던 거야.

"아이고! 어머니!"

그 뒤로 오랫동안 신부는 자리에서 일어나지 못하고 누워 있어야만 했대. 물론 그때까지 사들인 가체와 선봉잠, 떨잠은 모두 되팔아야 했지. 가체 때문에 자리에 누운 신부는 두고두고 마을 사람들 입에 웃음거리로 오르내렸대.

장신구! 그것이 더 알고 싶다

장신구를 만드는 재료

옛이야기 속 장신구의 모습을 잘 살펴보았니? 장신구는 겉보기에 화려하기 때문에 여자들의 욕심과 사치를 상징하는 도구로 여겨졌어. 하지만 한편으로는 그 아름다움으로 고귀한 마음과 정신을 표현하기도 했지. 아름답고 화려했던 장신구는 무엇으로 만들었을까? 이제 우리 조상들의 장신구 재료들을 살펴볼까?

진주

🌹 금동
구리나 놋쇠 겉면에 금을 입힌 거야. 금속이 상하는 것을 막고, 금처럼 보이게 해 주지. 삼국 시대 왕관에 주로 쓰였어.

🌹 백동
양은이라고도 해. 조선 시대에 비녀를 만드는 데 자주 쓰였어.

🌹 산호
예로부터 일곱 가지 보배라는 칠보의 하나로 여겨 왔어. 갓끈, 비녀, 삼작노리개, 가락지 등을 만드는 데 쓰였어.

🌹 진주
조개에 다른 물질이 들어가면 조갯살에서 분비물이 생겨서 그 물질을 둘러싸. 그리고 그게 굳어서 만들어지는 게 진주야. 반지나 목걸이 등을 만드는 데 써.

🌹 비취
녹색 빛을 띠는 옥이야. 색이 선명하고 투명해서 예로부터 진귀하게 여겨져 왔어. 신라 시대 금관 등에서 볼 수 있어.

🌺 호박

소나무나 잣나무의 나무 껍데기에 상처가 나면 끈적끈적한 송진이 나와. 그게 오랜 시간 굳으면 화석이 되면서 호박이 만들어지지.
호박은 남자들 상투가 풀어지지 않게 하는 장신구인 동곳이나 여자들 삼작노리개에 달아서 멋을 냈어.

🌺 마노

석영, 단백석 등이 섞인 광물이야. 다른 광물질이 스며들면 적갈색과 흰색 무늬를 나타내기도 해. 흔히 볼 수 없는 적갈색 목걸이의 재료로 쓰였지.

🌺 수정

신라 시대 목걸이에서 자주 볼 수 있어. 원래는 광택이 없고 투명한데 불순물이 섞이면 자줏빛 자수정·누런 연수정·검은 흑수정이 되지.

🌺 상아

코끼리 엄니야. 갈면 갈수록 윤이 나지. 부채의 고리나 자루에 다는 장식에 쓰였어.

🌺 백옥

비취보다 덜 단단한 옥이야. 노리개 등을 만드는 데 썼어.

금

대표적인 보석으로 왕관부터 가락지까지 대부분의 장신구에 쓰였어. 금은 물에서 가라앉을 뿐만 아니라, 모래나 철보다도 무거워. 이런 성질을 이용해서 강가나 바닷가에 있는 금을 캐지.

9쪽 미션 해결

반달처럼 생긴 빗의 이름은 무엇일까?
얼레빗

장신구로 보는 오천 년 우리 역사

장신구에 담긴 반짝반짝 우리 역사

장신구의 세계에 다시 온 걸 환영합니다.
고려 시대 일반 백성도 화려한 장신구를 할 수 있었던 날이 언제인지 알아맞혀야 이 세계에서 빠져나갈 수 있습니다.
이번 장의 이야기에서 잘 찾아보세요.

(정답은 47쪽에)

이제 안 싸울게요!

으, 공주님! 우린 또 어딜 가요?

살려 줘요!

장신구는 무엇일까?

사람들이 아름답게 보이기 위해 몸에 쓰거나 걸거나 끼는 것, 그리고 옷을 치장하기 위해 붙이거나 매는 모든 도구를 장신구라고 해. 요즘 사람들이 많이 하는 장신구를 살펴볼까? 너희들도 자주 보았을 거야.

머리에는 모자, 스카프, 가발, 머리핀, 깃털 장식, 리본, 비녀, 빗, 귀걸이 등을 하고, 손에는 팔찌, 반지 등을 하지. 숄, 칼라, 목걸이, 펜던트, 넥타이처럼 목에 하는 장신구도 있어. 우산, 양산, 부채, 핸드백, 손수건 같은 소품도 장신구에 속하고 구두, 양말도 장신구라고 할 수 있지. 옷에 다는 단추, 지퍼, 리본, 구슬 등도 장신구야.

이렇듯 장신구는 사람의 아름다움을 강조해 주는 용도로 쓰인단다.

오랜 옛날부터 사람들은 장신구를 했어. 하지만 처음에는 지금처럼 아름다움을 나타내기 위해서뿐만 아니라 하늘에 뭔가를 빌기 위해서, 부자나 높은 사람이 자신의 신분을 나타내기 위해서 장신구를 했지.

장신구에 쓰인 색이나 무늬에는 각각 오래 살기를 바라는 마음, 복 받기를 바라는 마음, 자식을 많이 낳기를 바라는 마음, 부부 사이가 좋기를 바라는 마음 등을 담았어.

사람들은 왜 장신구를 할까?

장신구를 하는 가장 큰 목적은 아름답게 보이기 위해서야. 옛날에는 지위와 신분을 나타내기 위해서, 신을 받들고 소원을 빌기 위해서, 나쁜 기운으로부터 몸을 지키기 위해서도 장신구를 했지. 또 적을 위협하기 위해서도 했어.

고대 이집트에서는 생명을 빼앗는 눈이 있다고 여겼는데, 이 눈에 빨려 들지 않기 위해 태양신의 눈이나 황금충(풍뎅이)을 나타내는 목걸이를 하고 다녔대.

또 표범이나 사자, 멧돼지 모양을 담은 조각이나 조개는 위험한 사냥을 갈 때나 전쟁을 나갈 때, 의식을 치를 때에 반드시 찼지.

그러나 시간이 흘러 문명이 발달하면서 귀신이나 적을 쫓기 위해 장신구를 하는 사람은 점점 없어지고, 자신의 지위를 뽐내고 아름답게 보이려고 장신구를 하게 되었어. 그리고 이제는 자신의 개성을 나타내려고도 쓰지.

또한 장신구는 재산으로 여겨지기도 했어. 서아시아 유목민 남자들은 돈이 생기면 금이나 은 장신구를 사서 딸이나 아내에게 주고 보관하도록 했대.

장신구의 첫 모습은 어땠을까?

사람은 누구나 관심을 받고 싶어 해. 원시 시대에는 이성의 관심을 끌기 위해 색색의 흙을 얼굴이나 몸에 발라 멋을 냈어. 또 자신을 해치러 오는 적에게 겁을 주려고 몸에 무서운 그림을 그리기도 했지. 종교 의식을 치를 때에도 몸에 그림을 그렸는데, 이것들이 지금의 화장이 되고 문신이 된 거야.

누구나 몸에 그림을 그리게 되자 그림만으로는 더 이상 다른 사람들보다 돋보이지 않았고, 적을 위협할 수도 없게 되었어. 그래서 사람들은 다른 방법을 생각해 내게 되었지. 바로 장신구를 하는 거였어.

자신이 동물을 잡을 만큼 힘도 세고 먹을 것이 많다는 것을 나타내기 위해 동물 뼈나 이빨로 목걸이나 팔찌를 만들어서 하고 다녔고, 먹을 것이 많은 부자라는 것을 나타내기 위해서도 장신구를 했지.

그렇게 장신구를 하다 보니 또 누구나 비슷한 목걸이나 팔찌를 하고 다니게 되었겠지? 그래서 사람들은 남보다 좀 더 좋은 재료로 장신구를 만들고 싶어 했어. 또 같은 재료를 쓰더라도 더 뛰어난 기술로 만들고 싶어 했지. 장신구는 이렇게 여러 재료로 다양하게 만들어지면서 점점 발달했어.

장신구가 아무리 발달해도 장신구를 하는 마음은 똑같아. 자신을 돋보이게 하려는 마음이지. 이렇게 장신구는 발전하고 변화하면서 미술이 되었고, 문명의 한 부분을 차지하게 되었어.

우리 조상들이 어떤 장신구를 언제, 왜 했는지를 보면 우리나라 역사와 문화를 알 수 있어. 오랜 역사를 가진 장신구에는 조상들의 삶이 고스란히 담겨 있거든. 이제 우리 전통 장신구가 어떻게 변화해 왔는지 살펴볼까?

선사 시대의 장신구

선사 시대에는 위험한 자연 속에서 안전하게 잘 어우러져서 사는 것이 사람들의 가장 큰 희망이었어. 그래서 안전하기를 빌며 장신구를 했지. 조개껍데기부터 금속에 이르기까지 선사 시대 장신구가 어떻게 발전했는지 살펴볼까?

자연재해를 막아 준다는 머리카락 허리띠예요.

신석기 시대
자연 재료로 장신구를 만들었어

우리나라 사람들이 처음으로 장신구를 하기 시작한 때는 신석기 시대로 추측돼. 구석기 시대에는 사람들이 먹을 것을 찾아 여기저기 떠돌아다니며 사느라 여유를 갖기 힘들었지. 그러다 신석기 시대에는 먹을 게 많은 바닷가 등에 정착해서 안정적인 생활을 하게 되면서 몸을 치장하거나 장신구를 하는 데에도 비로소 관심을 갖기 시작했어. 하지만 이때는 여유 있고 힘 있는 지배 계층만이 장신구를 했던 것 같아.

같은 조상을 가진 씨족끼리 모여 살던 씨족 사회에서는 소박하면서도 간단한 재료로 장신구를 만들었어. 다른 씨족과 싸울 때에는 자기 씨족을 나타내는 동물 등을 붙인 모자를 썼지. 이 시대에는 다른 씨족과의 싸움보다는 아마도 자연재해가 가장 무서웠을 거야. 그래서 홍수나 눈사태 같은 자연재해가 일어나지 말라고 머리카락으로 만든 띠를 허리에 둘렀어.

조개껍데기 팔찌도 많이 했어. 남해안과 부산의 바닷가에서 그 흔적이 많이 발견되고 있지. 부산 동삼동에서 발견된 조개 가면은 의식이나 축제 때 썼던 것으로 보여. 참, 이 시대에는 조개껍데기를 지금의 돈처럼 쓰기도 했대. 조개껍데기로 팔찌, 가면, 목걸이 등을 만들고 돈으로도 썼으니 조개가 이 시대에 얼마나 중요했는지 알 수 있겠지?

뿐만 아니라 신석기 시대 장신구로 귓불에 구멍을 뚫어 거는 귀고리도 발견되었고, 동물을 잡아먹고 난 뒤 동물 뼈나 뿔, 조개를 이용해서 만든 뒤꽂이, 목걸이, 발찌도 발견되었어.

조가비 탈

청동기 시대
금속 장신구를 만들기 시작했어

구석기와 신석기 시대를 지나 청동기 시대는 재산과 힘을 가진 사람이 지배 계층이 되었어. 지배 계층은 자신들의 신분과 역할을 나타내기 위해 주변에서 흔히 구할 수 없는 금속으로 장신구를 만들어 몸에 걸쳤어. 그걸 어떻게 아냐고? 청동기 시대의 고인돌과 무덤에서 금속 장신구들이 많이 발견되기 때문이야. 청동기 시대에는 사람이 죽으면 무덤에 그 사람이 쓰던 물건을 같이 묻는 '후장'이라는 풍습이 있었거든.

무덤에서는 청동으로 만든 무기와 함께 옥으로 만든 목걸이와 귀고리, 그리고 호랑이 모양과 말 모양으로 된 띠고리도 나왔어. 금속으로 만든 장신구는 이때 금속을 다루는 기술이 발달했다는 것을 말해 주지.

말모양띠고리

삼한 시대
옥과 구슬 등 다양한 재료가 쓰였어

삼국 시대 이전에 우리나라 중남부에 있었던 마한, 진한, 변한 세 나라를 '삼한'이라고 해. 삼한에서는 유리나 마노, 수정 등의 보석으로 화려한 장신구를 만들었어. 유리는 다루기가 쉽고 화려해서 이때부터 삼국 시대까지 장신구 재료로 많이 쓰였지. 또 삼한 시대의 무덤과 집터에서 발견되는 장신구들을 보면 옥으로 만든 장신구들도 많아.

이즈음에는 중국에서 철기 기술도 들어왔어. 청동보다 더 단단하고 센 철을 다루게 된 거야. 철기 시대에는 철로 만든 쇠스랑이나 도끼, 낫과 같은 농기구로 농사를 지었지. 덕분에 농사의 혁명이라 할 정도로 농사가 쉬워지고 수확량도 늘었어. 이러한 철기 기술 덕분에 구슬 장신구를 만드는 기술 또한 더욱 발달했단다.

한편 쪽머리에 꽂는 뒤꽂이가 많이 발견되는 것을 보면 삼한 시대의 여자들은 쪽머리를 했을 것이라 짐작돼.

철기 기술이 들어와 구슬 등 장신구 만드는 기술이 더 발달했어.

대롱옥 목걸이

삼국 시대의 장신구

씨족 사회가 점점 더 발달해 고대 국가가 만들어지면서 한반도에는 고구려, 백제, 신라 세 나라가 등장해. 이때가 바로 삼국 시대야. 이 시대에도 주로 왕족 같은 지배 계층이나 높은 신분의 사람만이 장신구를 할 수 있었어.

삼국 시대의 왕족들은 귀신을 쫓고 자신의 생명을 보호하는 것은 물론, 나라와 백성을 다스리는 데 있어 위엄을 드러내기 위해 장신구에 많은 신경을 썼어. 물론 아름답게 보이려고도 했고.

삼국 시대는 고대 국가들이 서로 힘을 겨루며 활발하게 성장하던 시기로, 이 시기의 장신구는 아름다울 뿐만 아니라 우리나라 장신구 역사에서 가장 화려해.

고구려
장신구에서 힘과 패기가 느껴졌어

고구려는 힘과 패기가 넘치는 활기찬 나라였어. 그래서 문화에서도 역동성을 느낄 수 있지. 고구려는 북쪽에 있는 중국으로부터 금속 문화를 받아들여 대부분 금동으로 장신구를 만들었어. 세밀하게 표현하는 기술은 신라보다는 뒤떨어졌지만 힘과 활동성이 잘 드러나는 장신구를 만들었지.

평안남도 평양에 있는 진파리 고분에서 나온, 꼬리 부분이 긴 '금동투각일상문' 장식을 보면 운동감이 잘 느껴지는데, 이게 바로 고구려 장신구의 대표적인 특징이야. 금동투각일상문 장식은 금동으로 만들어진 고구려 왕관 장식으로, 한가운데 둥근 원 안에 태양을 상징하는 세발까마귀(삼족오)가 있고, 위에는 봉황, 아래에는 두 마리 용과 함께 힘차게 뻗친 불꽃무늬가 있어. 어때? 고구려의 힘과 기상을 느낄 수 있겠지?

이 밖에도 굵은 고리에 작은 고리를 여러 개 붙여 만든 샛장식, 추 모양 드림이 붙어 있는 귀고리, 금동 신발 등이 발견되었는데, 이 가운데 금동 신발은 신라나 백제에 비해 바닥에 박힌 못의 수가 많고 바닥 판만 금속으로 되어 있어.

백제
우아하고 섬세한 공예 기술이 돋보였어

삼국 시대에 한강 북쪽은 철기를 잘 다루어서 철기 문화가 발달했고, 남쪽은 농사를 많이 지어서 농경 문화가 발달했어.

한강 가까이 자리 잡은 백제는 그 위치 덕분에 남쪽과 북쪽 두 문화의 영향을 동시에 받았지. 그래서 장신구도 보다 다양하게 발전했어.

백제는 금이나 은으로 귀고리나 팔찌를 만들었는데, 특히 귀고리에는 비취 곡옥(장식 구슬)을 달아 장식했어. 옥도 여러 가지 종류가 발견되는 것을 보면 백제의 장신구 재료가 금속 말고도 얼마나 다양했는지를 알 수 있지. 백제의 장신구를 보면 당시 금속 공예 기술이 무척 발달했을 뿐 아니라, 조형성과 미적 감각까지 갖추고 있었음을 느낄 수 있단다. 백제 사람들은 예술 방면에서 매우 뛰어났던 거야.

무령왕 금귀고리

무령왕 금제 뒤꽂이

무령왕비 금제관식

백제의 장신구도 대부분 왕족이나 귀족이 사용했어. 이 지배 계층들은 죽어서까지 자신의 신분과 가치를 드러내려고 무덤에 묻힐 때 장신구를 했대.

충청남도 공주에 있는 백제 무령왕릉은 벽돌로 만들어진 왕과 귀족의 무덤이야. 이 무덤에서는 지배 계층이 죽어 무덤에 묻힐 때 함께 묻은 금관, 금뒤꽂이, 은팔찌, 금팔찌, 금귀고리, 청동 거울, 화려한 장식 칼, 도자기, 철기가 나왔어. 이 무덤에서 나온 여러 가지 장신구들을 통해 오늘날 우리는 백제 사람들의 뛰어난 문화를 엿볼 수 있단다.

신라

장신구의 황금기를 이끌었어

신라의 장신구도 다양하고 화려했어. 신라는 한반도 가장 남쪽에 있어서 앞서 있던 중국 문화를 받아들이기가 쉽지 않았지. 그래서 처음에는 고구려나 백제보다 문화 발달이 늦었지만, 나중에는 매우 뛰어난 문화 수준을 갖추었어.

신라 장신구는 대부분 귀한 금속인 금으로 만들어졌을 뿐 아니라, 공예 기술이 뛰어난 것이 많아.

금관총 금관

전 세계적으로 뛰어난 신라의 금관이야.

경주 부부총 금귀고리

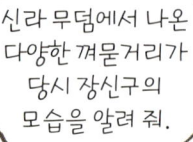

경주 금령총 목걸이

신라 무덤에서 나온 다양한 껴묻거리가 당시 장신구의 모습을 알려 줘.

신라의 으뜸 장신구는 금관이야. 현재 남아 있는 전 세계 고대 금관 가운데 반 이상이 신라 것이지. 신라 금관은 어느 시대, 어떤 금관과 비교해 보아도 화려함이나 세공 기술에서 뒤지지 않아. 그래서 신라 시대를 우리나라 장신구의 황금기라고도 한단다.

신라 금관들은 모두 왕이나 귀족의 무덤에서 나왔어. 무덤에서는 또 금이나 가죽으로 만든 허리띠, 금귀고리, 금팔찌, 금반지, 금목걸이, 요패(허리 장식품)도 나왔지. 목걸이가 늘어지는 곳에 비취, 수정, 마노 등으로 만든 곡옥을 하나씩 단 남색 유리구슬 목걸이도 나왔고.

특히 신라의 귀고리에는 신라 사람들의 미적 감각과 뛰어난 금공예 기술이 녹아 있어. 고리가 굵은 것과 고리가 가는 것이 있는데, 여기에 수백 개의 금 알갱이를 붙이고 파란색이나 빨간색 옥을 끼워 넣어 매우 화려하게 만들었지. 신라 사람들은 자신의 신분과 지위를 나타내기 위해 남녀를 가리지 않고 귀고리를 했어. 지위가 같은 사람끼리는 비슷한 귀고리를 해서 자신들이 신라를 이끄는 계층이라는 것을 나타내려고 했고.

삼국을 통일한 신라는 중국 당나라의 영향을 받아 장신구가 더욱 다양해졌어. 그러니 정말 장신구의 황금기를 보냈다고 할 만하지?

가야 구슬옥 목걸이

가야
구슬, 철 등의 공예 기술이 뛰어났어

가야 사람들은 구슬을 좋아해서 구슬로 목걸이를 많이 만들었어. 목걸이는 매우 다양해서 어른 키 두 배만큼 긴 것도 있고, 짧은 것도 있어. 유리나 수정, 마노, 옥 같은 보석으로 목걸이뿐 아니라 귀고리도 만들었지.

가야는 질이 아주 좋은 철이 나던 곳이어서 철을 다루는 기술이 발달했기 때문에 공예 기술이 뛰어났어. 높은 신분 사람들은 철로 만든 칼자루에 용무늬와 봉황무늬를 새겨 자신의 지위를 드러내는 장신구로 사용했단다.

고려 시대의 장신구

고려는 불교를 국교로 받아들여 발전시켰어. 불교는 고려 사람들의 삶에 깊이 뿌리내리고 있었고, 고려 문화 역시 불교의 영향을 많이 받았어. 그래서 불상, 불화, 석탑, 사원 건축 등이 발달했으며, 부처님 말씀을 기록하기 위해 대장경을 새기는 것 같은 국가적 사업도 추진되었지.

고려 때는 또 귀족 문화가 크게 발달했어. 귀족들은 다양한 예술 작품을 만들어서 즐겼는데, 고려청자를 비롯하여 나전 칠기(자개 조각을 붙인 위에 옻칠을 한 공예품), 장신구 등에서 화려한 생활을 하던 귀족의 모습이 잘 드러나.

장신구는 불교와 원나라의 영향을 받았어

고려 시대에 많이 쓴 장신구는 장도(칼집이 있는 작은 칼), 허리띠, 팔찌, 귀고리 등이야. 금, 은, 금동 등 우리나라에서 많이 나는 금속으로 만들었지. 고려 시대 장신구는 통일 신라의 공예 기법을 더 세련되게 발달시켜 단아하고 정교한 것이 많단다. 하지만 오늘날까지 전하는 고려 시대 장신구는 많지 않아. 삼국 시대처럼 후장하는 관습이 없었기 때문에 무덤에서 나오는 유물도 적고, 유적지에서 발견되는 유물도 별로 없거든.

금으로 된 꾸미개

고려 사람들은 장신구에 주로 어떤 무늬를 그려 넣었을까? 앞에서 고려는 불교가 국교였다고 했잖아. 그래서 불교의 국가답게 연꽃무늬를 많이 사용했어. 진흙 속에서도 피는 연꽃은 불교에서는 부처님을 상징하거든.

그 밖에도 풍요로움과 권위를 상징하는 용·봉황·학·원앙·거북·잉어·벌과 같은 동물과 난초·매화 같은 식물 등 좋은 뜻이 담긴 무늬도 많이 썼어.

한편 고려 시대 후기에는 몽골 족이 세운 중국 원나라의 침입을 받았어. 그때 원나라 문화가 많이 들어오면서 우리 풍습과 문화도 바뀌게 되었단다. 우리 장신구 중에도 몽골 족 영향을 받은 것들이 여전히 남아 있지.

오늘날 전통 결혼식을 올릴 때 신부가 머리에 쓰는 족두리, 또 폐백 드릴 때 볼과 이마에 찍는 연지 곤지는 원나라에서 전래된 것이란다.

족두리는 원나라에서 들어온 장신구야.

족두리

혼례식에서 신부가 볼과 이마에 연지 곤지를 찍는 것은 원래 원나라의 풍습이었어.

백성들도 특별한 날 장신구를 했어

몸을 치장하는 장신구를 하려면 아무래도 돈이 많이 들겠지? 그래서 장신구는 주로 왕족이나 귀족이 사용할 수 있었어. 늘 멋을 내야 하는 기생들도 화려한 장신구를 했지. 그러나 가난한 백성들은 장신구를 할 수 없었어. 그럴 돈이나 여유가 없기도 했지만, 나라에서 장신구를 신분이 높은 사람들만 쓰도록 허락했거든. 특히 궁중 사람들이 쓰는 장신구는 벼슬을 나타내는 것이기도 해서 일반 백성은 할 수가 없었어.

그런데 백성들도 장신구로 마음껏 몸을 치장할 수 있는 날이 있었단다. 일생에 단 한 번뿐인 혼례라든가 환갑 잔치처럼 경사스러운 날에 말이야. 혼례 때는 가락지, 화관 등 평소 쓰지 않던 장신구로 몸치장을 했는데, 이때 쓴 장신구를 아주 소중하게 여겨서 두고두고 보관했대.

조선 시대의 장신구

조선 시대에는 나라에서 사람들의 옷차림을 단속했어. 인(仁 어질 인)을 바탕으로 나라에 충성하고 부모에게 효도할 것을 강조하는 유교 사상을 받들어 몸가짐을 단정하게 하도록 했거든. 이런 유교의 영향으로 옛날부터 전해져 내려오던 목걸이·귀고리·팔찌 등이 거의 사라지게 되었어.

아울러 금과 은도 쓰지 못하게 해서 장신구를 만드는 데 필요한 금속과 광물을 캐는 기술이 더는 발전하지 못했고, 찬란했던 우리 금은 공예 기술도 뒷걸음질 치게 만들었지.

조선 제10대 왕인 연산군 때 궁중에서 금과 은, 옥으로 만든 장신구가 유행하자 광산 개발이 다시 활발히 이루어졌지만 그것도 잠시뿐이었대.

절제와 우아한 멋을 담은 장신구가 발달했어

목걸이, 귀고리, 팔찌 등의 장신구가 사라진 대신 머리에 꽂는 장신구인 비녀, 뒤꽂이, 떨잠과 가슴에 차는 노리개 등의 장신구는 좀 더 발달했는데, 바로 이것이 조선 시대 장신구의 특징이야.

조선 시대의 법은 여자들의 생활을 많이 제약했어. 유교 사상을 따랐기 때문이지. "여인은 덕이 있어야 한다."라고 하며 몸치장에 신경을 쓰지 못하게 해서 양반이나 왕족 여자들조차 장신구를 많이 하지 못했대.

임진왜란이 끝나고 1600년대부터 여자들은 머리숱이 많아 보이라고 '다리'라는 가짜 머리를 올리고, 장신구로 화려하게 꾸몄어. 그러자 나라에서 여러 번 사치 금지령과 가체 금지령을 내렸지. 여자들에게 단정한 쪽머리만 허락되자 가체 대신 다양한 비녀가 나오게 되었어.

비녀는 머리를 장식하는 모양에 따라 봉잠·용잠·원앙잠·죽잠·매죽잠·연봉잠·목련잠·목단잠·석류잠 등으로 나누지. 금은보석으로 만든 비녀는 상류 계층에서만 하고, 일반 백성들은 나무나 뼈로 된 비녀를 했어.

조선 시대 사람들은 살아 있는 동안의 행복을 중요하게 여겼기 때문에 장신구에도 부자, 아들, 장수, 복 등을 상징하는 것들을 표시했어.

동물무늬로는 거북·나비·매미·물고기·박쥐·벌·봉황·사슴·새·원앙·학 등이 있고, 식물무늬로는 국화·매화·난초·대나무·모란·복숭아·연꽃·소나무·포도·가지·고추·넝쿨·잎사귀가 있고, 자연무늬로는 구름·돌·물결·해가 있지. 색은 청색·흰색·적색·흑색·황색의 오방색을 썼어. 이 모두가 사람들의 바람을 담은 것이었단다.

조선 시대 남자들도 장신구를 했어

장신구는 여자들만 했을까? 오랜 옛날 청동기 시대나 철기 시대부터 남자들도 목걸이라든가 귀고리 같은 장신구를 해 왔어. 조선 시대 남자들도 장신구를 했는데, 부모가 물려준 신체를 상하게 해서는 안 된다는 유교 사상 때문에 귀고리는 차츰 하지 않게 되었지. 귀고리를 하려면 귀를 뚫어야 했거든.

그 대신 부채와 장도를 가지고 다녔고, 갓이라든가 관자, 갓끈, 허리띠, 호패(신분을 증명하는 작은 패)끈, 부채 고리에도 장식을 했어.

관자는 망건(상투를 틀 때 머리카락이 흘러내리지 않도록 머리에 두르는 그물)을 졸라 매는 끈인 당줄을 걸어 넘기는 것으로 망건 위의 양 옆 관자놀이에 다는 것인데, 무엇으로 만든 관자를 쓰느냐에 따라 신분을 나타내기도 했어. 신분이 높은 사람은 금, 옥 등을 사용하고 백성들은 짐승의 뼈나 뿔, 바다거북 등딱지, 마노, 호박 등을 썼지. 아름다워지고 싶은 마음은 옛날에도 남자와 여자를 가리지 않았나 봐.

남자들은 부채, 장도 같은 장신구를 가지고 다녔어.

개화기와 현재의 장신구

서양 문물의 영향을 받았어

우리나라에 서양 문물이 들어와 근대 사회로 나아가던 때를 '개화기'라고 해. 개화기에는 생활이 서양식으로 바뀌면서 장신구도 서양의 영향을 받게 되었어. 서양 장신구에 대한 관심이 늘면서 자연스레 전통 장신구에 대한 관심은 수그러들었지. 더욱이 옷차림이 가벼워지면서 조선 시대에 많이들 가지고 다녔던 향낭(향주머니), 장도 등의 전통 장신구는 거의 자취를 감추었어.

1910년대에 신교육을 받게 된 여학생들은 더 이상 쓰개치마(몸 윗부분을 가려 쓰

옷차림이 가벼워지면서 향낭이나 장도는 더 이상 가지고 다니지 않아.

던 치마)를 쓰지 않고 대신 검은 우산을 쓰고 다녔어. 1930년대 이후 핸드백이 나오자 젊은 사람들은 주머니 대신 핸드백을 가지고 다녔고, 1940년대 이후에는 저고리에 고름 대신 단추를 달거나 브로치를 달기 시작했단다.

그 뒤 전통 장신구는 점점 설 자리를 잃어 갔어. 요즘은 텔레비전 사극이나 영화, 서양식으로 결혼식을 한 뒤 폐백을 드릴 때, 혹은 전통 결혼식에서나 전통 장신구를 잠깐 볼 수 있지. 참 안타까운 일이야.

우리 조상들이 즐겨 하던 장신구에 대해 관심을 갖는 건 어떨까? 우아한 색과 모양에 감탄이 절로 나오는 것은 물론, 장신구에 담긴 조상들의 마음까지 엿볼 수 있을 테니까.

> 장신구! 그것이 더 알고 싶다

조선 시대 여인들의 필수품

조선 시대 여자들이 몸에 꼭 지녔던 물건 세 가지가 있어. 거울과 빗, 그리고 은장도야. 조선 시대 여자들은 아침 해가 뜨기 전에 일어나 거울 앞에 앉아서 빗으로 머리를 곱게 빗고 동백기름을 발라 단정하게 쪽을 찐 다음, 비녀를 꽂고 품에 은장도가 잘 있는지 보는 것으로 하루를 시작했어.

거울과 빗, 은장도가 어떤 이야기를 더 갖고 있는지 알아볼까?

❀ 거울

거울은 처음에는 돌로 만들었어. '석경'이라고 해. 그러다 청동기 시대에 구리로 만든 청동 거울이 처음 등장했는데, 이것을 조선 시대까지 사용했지. 유리 거울은 조선 후기가 되어서야 나왔고.

거울은 만들기가 어렵고 비쌌기 때문에 신분이 높은 사람들만 가질 수 있었어. 옛날 사람들은 거울을 신령스러운 물건이라고 생각해서 통치자의 상징으로 여기기도 했단다.

판소리 소설 〈춘향전〉을 보면 이몽룡이 성춘향과 이별할 때 춘향에게 거울을 주며 평생 마음 변치 말고 자신이 생각날 때마다 꺼내 보라고 하는 장면이 나와.

이렇듯 거울은 사랑하는 사람을 서로 이어 주는 물건으로, 사랑하는 사람끼리 정표로 나눠 갖기도 했지.

그대를 향한 내 마음의 정표로 이 거울을 주겠소!

도련님~ 멋져!

거울

"우리 이 참빗으로 아씨의 머리를 곱게 빗어 드리자!"

참빗

빗

머리를 빗을 때 쓰는 빗에는 얼레빗, 참빗이 있어. 옛날 여인들은 빗살이 굵고 성근 얼레빗으로 머리를 대강 빗은 뒤에, 빗살이 가늘고 촘촘한 참빗으로 다시 곱게 빗었지. 직사각형 모양으로 생긴 참빗은 빗살이 무척 촘촘해서 머리카락의 때를 거르거나 이, 서캐(이의 알) 따위를 잡을 때도 쓰였어.

은장도

은장도는 여성의 정절을 지킨다는 상징적인 의미가 있어. 조선 시대, 임진왜란과 병자호란처럼 큰 전쟁이 났을 때 많은 부녀자들이 적으로부터 정절을 지키려고 은장도를 몸에 지녔다고 해.
양반가 여인들의 필수품이었던 은장도는 호박 등의 재료를 겉면에 입혀 더욱 화려하게 꾸몄어. 상처를 입었을 때는 이 호박을 가루로 빻아서 피를 멎게 하는 지혈제로도 사용했지.
은젓가락이 달려 있는 은장도도 있어서 음식에 독이 들었는지를 가려내는 데 쓰기도 했어.

은제 산호 장식 장도

"독이 들어 있는 음식에 은장도를 넣으면 시커멓게 변하지!"

23쪽 미션 해결

고려 시대 일반 백성도 화려한 장신구를 할 수 있었던 날은 언제일까?
혼례나 환갑 등 경사스러운 날

전통 장신구의 종류와 쓰임

멋 내고, 뽐내고!
다양한 우리 장신구

또 어디로
가는 거예요?

장신구의 세계로 다시 초대합니다.
여기서는 머리에 하는 장신구 종류 세 가지를
말할 수 있어야 빠져나갈 수 있습니다.
이번 장의 설명을 꼼꼼히 읽으면서 잘 찾아보세요.
(정답은 81쪽에)

예쁜 장신구
고르면 주실 건가요?

전통 장신구는 종류도 많아

머리띠, 목걸이, 단추 등 지금 우리가 하고 있는 장신구들은 예전에 어떤 모습을 하고 있었을까? 먼 옛날에 우리 할머니들은 무엇으로 멋을 냈을까? 이제부터는 조상들의 장신구 종류를 하나하나 알아볼 거야.

머리에 하는 장신구, 가슴에 하는 장신구, 손과 발에 하는 장신구는 무엇 무엇이 있었을까? 또 손에 들고 다녔던 장신구에는 무엇이 있었을까? 그리고 장신구를 한 자신의 모습은 어떻게 확인했을까?

지금과 무엇이 비슷하고 다른지 이제 우리 함께 살펴보자.

머리에 하는 장신구

비녀

너희는 머리를 묶을 때 고무줄이나 방울끈으로 묶지? 고무줄이 없던 시절에는 어떻게 묶었을까? 머리를 곱게 빗어 머리 위에 얹거나 쪽을 찐 다음 비녀로 고정시켰어.

우리나라 여인들은 삼국 시대부터 이처럼 비녀로 머리를 묶고 장식했어. 고구려 고분 벽화에 나오는 쪽머리 그림이나, 백제 고분에서 발견된 비녀를 보면 알 수 있지.

　비녀는 고려 시대에는 크기가 작은 것이 많았는데, 조선 시대에 들어와서 종류가 다양해졌어. 조선 시대 여인들이 가체 등으로 머리를 화려하게 장식하자 조선 제21대, 제22대 왕인 영조와 정조는 사치를 막기 위해 얹은머리 대신 쪽머리를 하라고 명령했지. 그렇게 점차 쪽머리 하는 사람이 늘어나면서 비녀의 종류가 다양해지고 화려해진 거야.

　비녀 머리 부분이 용 모양으로 생긴 용잠과 봉황 모양으로 생긴 봉황잠은 왕비와 왕세자비가 사용했어. 양반들은 계절과 용도에 따라 금이나 은, 옥으로 만든 비녀를 꽂았고, 백성들은 나무나 동물 뿔, 백동이나 은으로 만든 비녀를 꽂았어. 그리고 웃어른이 돌아가셨을 때에는 물소의 검은 뿔로 만든 흑각비녀를 꽂아 슬픔을 나타냈지.

　당시 사람들은 비녀에 비녀를 꽂은 이의 기운이 담겨 있다고 믿어서, 비녀를 잃어버리거나 머리에서 뺐을 때는 정절이나 긍지를 잃은 것으로 여겼어.

　참, 비녀 중에는 머리에 꽂지 않고 간직하기만 하는 것도 있었는데, 이것은 머리에 꽂는 비녀보다 길이가 길었단다.

용잠

비녀의 머리 부분이 용 모양인 용잠이야.

흑각비녀

집안 어른이 돌아가셨을 때는 흑각비녀를 꽂아 슬픔을 나타냈어.

떨잠

여인들의 머리가 움직일 때마다 장식이 파르르 떨리게 되어 있는 머리꾸미개야. 조선 시대에 왕비나 양반 여인들이 큰머리(나무로 만든 틀을 얹은 머리)나 어여머리(땋아서 크게 틀어 올린 머리)를 한 뒤 머리를 장식할 때 떨잠을 꽂았지. 머리를 움직일 때마다 떨잠이 떨리고, 장식들이 움직이기 때문에 더욱 화려해 보여.

족두리

앞에서 말했듯이 족두리는 고려 시대 후기에 중국 원나라의 문화가 들어오면서 함께 전래되었어. 혼례 등 특별한 날 입는 여인들의 옷인 원삼이나 당의와 함께 사용했지.

조선 시대에는 광해군 때부터 족두리를 쓰기 시작했어. 조선 시대 중기에 여인들 사이에서 사치스러운 가체가 유행했다고 했지? 그래서 나라에서는 가체 금지령을 내리고, 대신 화려하게 장식하지 않는 족두리 사용을 장려했어.

그러나 화려하고 예쁘게 치장하려는 여인들의 욕심은 끝이 없어서 나중에는 족두리에도 장식을 하기 시작했지. 그러자 다시 나라에서는 혼례를 올릴 때 비싼 칠보족두리를 쓰지 못하게 했어.

족두리는 지금까지 널리 쓰이고 있어. 전통 결혼식을 올릴 때도 쓰고, 서양식으로 결혼을 하고 난 뒤에 폐백을 드릴 때에도 쓰지. 어때, 우리 족두리의 역사가 참 길기도 하지?

족두리

족두리는 예복인 원삼이나 당의를 입을 때 머리에 쓰는 장신구야.

화관

 화관은 머리를 장식하는 쓰개인데, 족두리와 비슷하게 생겼지만 크기가 조금 더 커. 삼국 시대의 신라 문무왕 때 중국 당나라에서 처음 들어왔지.

 통일 신라 시대에 들어와 화관은 궁궐에서 궁녀들이 주로 썼어. 쓰는 사람에 따라 화관의 모양이 조금씩 달랐대. 보통은 관에 오색 구슬로 꽃 모양을 찬란하게 두른 다음, 나비 모양 떨잠을 달았지. 고려 시대에 화관은 귀족이나 양반층 여자들이 예복을 입을 때 쓰는 관모가 되었다가, 조선 시대에 와서는 크기가 작아져서 관모라기보다는 머리 장식 정도가 되었어.

 화관은 칠보로 장식한 칠보화관과 구름무늬를 새겨 만든 운관이 대표적이야. 칠보화관은 오색 빛깔의 칠보로 꾸몄는데, 나비 모양이나 학 모양 장식을 달아서 아름답게 장식했어. 양옆에는 비녀도 꽂았고. 또한 복을 비는 무늬 등을 수놓아 장식하기도 했지.

 그렇지만 조선 시대 중기부터는 화관도 족두리처럼 점점 사치하는 풍조가 생기기 시작했어. 여인들이 서로 다투듯이 비싼 보석이 들어간 화관을 사거나 한 사람이 여러 개를 가지는 일도 많았거든. 보다 못한 영조와 정조는 머리를 꾸미는 데에 사치를 하지 못하도록 사치 금지령을 내렸어.

 조선 시대 후기가 되어서는 왕실에서 혼례복인 활옷과 예복인 당의를 입을 때 화관을 썼어. 이 화관에는 각종 구슬을 달았고, 법랑(윤기가 나도록 바르는 유약) 새 장식과 비녀를 양쪽에 꽂았으며, 앞드림이 없었어.

 일반 백성들도 혼례 때에는 화관을 쓸 수 있었지만 왕실에서 하는 대로 화려하게 쓰지는 못했어. 화관에 가짜 구슬을 달아서 쓰거나 구슬 대신 오색 비단실을 사용하는 등 소박하지만 아름답게 장식했지.

첩지

조선 시대에 가체 금지령이 내려지자 여인들 사이에서 쪽머리가 유행했다고 했지? 첩지는 쪽머리에 하던 장신구야. 용이나 봉황 모양의 장식에 좌우로 긴 머리털을 달아 만들었지. 쪽머리 가르마에 받침대를 단 첩지를 얹고 머리털을 곱게 빗어 원래 머리와 한데 모아 쪽을 쪘어.

양반가 여자들은 특별하게 예의를 갖출 때에만 첩지를 했지만, 궁궐 여자들은 궁 안에서의 신분을 쉽게 구별할 수 있도록 늘 첩지를 했대.

신분에 따라 왕비는 용첩지나 봉황첩지를 했고, 상궁들은 은제 개구리첩지를, 정경부인(정일품 벼슬아치의 아내)은 도금 개구리첩지를, 정부인(정이품 벼슬아치의 아내)은 머리 부분만 도금한 개구리첩지를 했어.

첩지는 이처럼 신분에 따라 앞머리 부분 모양만 다르게 되어 있었단다. 길이는 7~8센티미터쯤이고, 꼬리 부분은 날렵하게 위로 향해 있어.

첩지

궁궐 여자들이 하던 첩지는 신분을 드러내기도 했대.

뒤꽂이

쪽머리에 꽂는 장신구인데, 비녀와는 좀 달라. 뒤꽂이는 머리를 장식하는 도구였지만 머리에 꽂아 두었다가 필요한 일이 있을 때마다 뽑아서 쓰기도 했어. 예를 들어 귀이개뒤꽂이는 작게 만들어 머리에 꽂았다가 귀지를 파낼 때 뽑아 썼지.

뒤꽂이는 머리카락 속에 꽂혀 보이지 않는 부분은 장식하지 않았지만, 바깥으로 보이는 부분은 아름답게 꾸몄어. 뒤꽂이 장식에는 나비, 새, 벌이 매화나 국화에 날아드는 모습이 많단다. 부부 사이가 좋아지고 아들딸이 잘되기를 바라는 마음을 표현한 거야. 머리에 아름다운 꽃밭을 이고 다니는 여인의 모습, 상상만 해도 예쁘지?

뒤꽂이는 원래 쪽머리를 하는 궁궐 여자들이나 양반가 여자들이 주로 했는데, 조선 후기에 와서는 일반 백성도 할 수 있었어.

댕기

길게 땋은 머리끝에 드리는 장식용 헝겊이나 끈을 댕기라고 해. 단군 시대부터 사람들은 머리를 땋아 정리했대. 그 뒤 삼국 시대를 거쳐 고려 시대, 조선 시대까지 오랜 세월 동안, 머리를 땋은 다음 정리할 때에는 천 장식인 댕기를 썼어.

그러다 댕기는 1894년 옛 문물제도를 근대적으로 고치는 갑오개혁 때 긴 머리를 자르게 하는 단발령이 내려지고 나서 점차 사라졌어. 1910년 일본에 나라를 빼앗기고 나서는 다시 사람들이 한복을 많이 입으면서 자주 댕기를 드렸지만 댕기 길이가 점점 짧아지고 단순해졌지. 1920년대에 트레머리(실타래 두르듯 머리 주변에 두른 머리)와 첩지머리가 마지막으로 유행했다가 광복 뒤에는 단발머리와 파마가 전래되면서 댕기는 더 이상 찾아보기가 어려워졌어.

자, 이제 화려하고 다양했던 전통 댕기를 살펴볼까?

말뚝댕기
어린이들의 댕기야. 길고 넓적한데, 윗부분이 말뚝처럼 삼각형 모양이야. 제비부리댕기를 드리기에 아직 이른 때에 말뚝댕기를 하지.

제비부리댕기
처녀, 총각들이 땋은 머리에 드리던 댕기야. 양쪽 끝이 제비부리처럼 삼각형으로 뾰족하게 되어 있어.

제비부리댕기

매개댕기
자줏빛 명주에 솜을 넣어 길고 통통한 끈처럼 만들어. 머리를 늘어뜨리는 것이 아니라 틀어 올리는 어여머리를 할 때, 머리를 고정시키는 댕기야.

고이댕기
혼례를 올릴 때 드리던 두 가닥 댕기야. 두 가닥 중 하나가 다른 댕기에 비해 훨씬 길지.

고이댕기

도투락댕기
원삼, 활옷, 당의 같은 혼례복을 입고 족두리나 화관을 쓴 다음, 쪽 뒤에 길게 늘이는 댕기야.

도투락댕기

배씨댕기
원래는 배의 씨 모양으로 만든 은을 칠보로 장식했다고 해서 이름 붙여졌어. 머리숱이 많지 않은 어린이의 댕기이지. 가르마 한가운데에 얹어.

배씨댕기

쪽댕기
쪽머리를 고정시키는 댕기로 젊은 사람은 빨간색, 나이 든 사람은 자주색, 과부는 검은색 댕기를 해.

귀고리

귀를 뚫어 고리를 끼우거나 귀에 걸어 멋을 내는 장신구야. 우리나라에서는 선사 시대부터 귀고리를 한 것으로 보여. 귀고리는 처음에는 수정·호박 등으로 만들다가 나중에 금속 문화가 들어오면서부터는 금·금동·은으로 만들기 시작했어.

　삼국 시대부터 고려 시대까지는 남녀를 구분하지 않고 누구나 귀고리를 했지. 그러나 조선 시대 중기와 후기에 접어들면서는 귀고리를 거의 하지 않게 되었어. 조선에서는 유교의 가르침대로 겉모습보다 정신적인 수양을 더 중요하게 생각해 귀고리를 비롯해 모든 장신구를 잘 하지 않게 된 거야.

남바위

여인들이 추울 때 머리에 쓰는 모자야. 머리를 따뜻하게 보호하면서도 아름답게 보이도록 만들어졌지.

　남바위 안쪽에는 털이 붙은 가죽을 대고, 겉에는 비단을 둘렀어. 위쪽은 구멍을 내고, 아래쪽 가장자리에는 털가죽으로 빙 둘러 붙여 이마뿐 아니라 귀와 목덜미까지 따뜻하게 덮어 주도록 했지.

이마, 귀, 목덜미까지 덮게 한 겨울 모자야.

남바위

전모

조선 시대 여자들이 나들이 나갈 때 쓰던 쓰개야. 자루 없는 우산 모양으로 생긴 모자로, 나무살에 한지를 붙여 만들어. 양반가 여자들은 사용하지 않았고, 주로 멋 내기 좋아하는 기생들이 바깥나들이를 하거나 말을 탈 때 썼어. 궁중의 의술을 맡던 의녀나 궁녀들이 말을 탈 때에 쓰기도 했지.

패랭이

엎어 놓은 패랭이꽃 꽃받침과 꽃잎 모습을 닮았다고 해서 모자 이름이 패랭이야. 대나무를 가늘게 쪼개 엮어서 만들었지.

남자들이 쓰는 모자로, 역졸(관리가 부리던 하인)이나 보부상(이리저리 떠돌며 물건을 팔던 상인)처럼 신분이 낮은 사람들이 주로 썼어. 역졸은 패랭이에 검은색을 칠했고, 보부상은 큼직한 목화송이를 얹기도 했단다. 당시 패랭이를 쓴 사람이 길에서 양반을 만나면 패랭이를 벗고 엎드려 예를 드려야 했대.

이처럼 패랭이는 신분이 낮은 사람들만 썼기 때문에, 조선 시대 임진왜란 때 왜군들이 갓 쓴 사람은 벼슬아치라며 잡아갔고, 패랭이 쓴 사람은 별 볼 일 없는 사람이라고 잡아가지 않았대. 그래서 당시 양반들도 패랭이를 썼다는 이야기가 있어.

패랭이

패랭이는 역졸이나 보부상같이 신분이 낮은 사람들이 쓰던 모자야.

갓

남자들은 어릴 때 머리를 기르다가 관례(어른이 됨을 축하하는 의례)를 올리고 어른이 되거나 혼례를 치르고 나서는 상투를 틀어 올렸어.

이처럼 조선 시대 어른 남자들은 머리카락을 모두 틀어 올려 정수리 위에서 틀어 감고, 거기에 동곳이라는 핀을 꽂아 고정시킨 다음, 흘러내리지 않도록 그물 같은 망건을 둘렀지. 이것이 상투머리야.

갓은 위엄과 체통을 보이는 장신구로 선비들이 상투 위에 쓰던 모자를 말해. 나랏일을 보러 궁궐에 들어가거나 외출을 할 때에는 반드시 격식에 맞춰 옷을 차려입고 갓을 써야 했어. 일본이 침략해 나라가 어려웠던 일제 강점기에도 조상들은 갓을 쓰고 옷차림을 갖추며 조선 선비의 정신을 이어 갔어.

갓

몸에 하는 장신구

노리개

여인들의 한복 저고리 겉고름과 안고름, 그리고 허리춤에 차던 장신구야. 삼국 시대에는 허리띠에 달아 장식하던 것이 조선 시대에 들어와 저고리 길이가 짧아지면서 옷고름에 달게 되었어. 노리개는 금은보석이나 비단 등을 매듭과 함께 맺어 쓰거나 아름다운 천에 수를 놓아 만들기도 했지.

노리개가 하나이면 단작노리개라 하고, 세 개나 다섯 개를 모아 차면 삼작노리개라고 해. 삼작노리개도 꾸밈과 크기에 따라 대삼작, 중삼작, 소삼작으로 나누어져 신분에 따라 찰 수 있는 게 달랐어. 삼작노리개에는 금·은·백옥·비취옥·호박 같은 귀한 보석이나 여러 색깔 고급스러운 비단 천을 썼지.

대삼작노리개는 가장 호화롭고 커서 궁중 사람들이 썼고, 중삼작노리개는 양반 계층에서, 소삼작노리개는 젊은 부녀자나 어린이들이 썼어.

조선 시대에는 유교의 영향을 받아 화려한 귀고리, 목걸이, 팔찌 등 장신구들이 차츰 사라졌지만, 노리개만은 예외였어. 여자들은 집안이 편안하기를 바라는 마음, 오래 살기를 바라는 마음, 부유해지고 아들을 많이 낳길 바라는 마음을 노리개에 많이 표현했지.

목걸이

목걸이는 목에 걸어서 몸을 장식하는 장신구야. 목걸이도 귀고리처럼 삼국 시대부터 고려 시대까지는 남녀를 구분하지 않고 많이 했고, 금속에서 구슬까지 다양한 재료를 사용해서 만들었지. 그러나 조선 시대에 들어와서는 역시 유교의 영향을 받아 몸치장하는 일이 줄어들면서 잘 하지 않게 되었어.

목걸이도 오랜 옛날부터 조상들이 해 온 장신구 중 하나야.

목걸이

단추

우리 옷은 원래 품이 넉넉해서 옷의 벌어진 부분을 고름이나 가는 끈 등으로 매었기 때문에 단추를 달 필요가 없었어. 여인들이 입는 예복인 원삼에는 장식용 단추를 달았지만 다른 옷은 단추가 없었지.

그러다 조선 후기 몽골에서 전래된 웃옷인 마고자에 처음 단추를 달았어. 개화기가 되어 서양 문물과 함께 양복이 들어오면서 비로소 널리 달게 되었고, 그 뒤로는 옷을 더 간편하게 만들기 위해 단추를 더 많이 썼지.

전통 단추에는 매듭단추·원삼단추·마고자단추·조끼단추 등이 있어.

매듭단추는 말 그대로 매듭을 지어 만든 단추야. 윗도리 옷인 적삼이나 얼굴까지 가리는 긴 옷인 장옷 등에 썼지. 원삼단추는 여며지지 않고 마주 대하게 되어 있는 원삼을 여미는 단추이고, 개밑단추는 전투복 소매 등 트임 부분이 터지지 않도록 힘을 주기 위해 붙이는 단추야. 저고리 위에 덧입는 옷인 마고자에 다는 마고자단추는 수정·호박 등의 꼭지 부분에 구멍을 뚫은 수단추와 실로 고리를 만들어 왼쪽 길에 꿰맨 암단추로 이루어져.

마고자는 '오랑캐 옷'이라고 부르기도 해. 몽골 족의 영향을 받아 처음으로 단추를 달았던 옷이기도 하고, 단추를 비싼 금이나 호박으로 만들어 사치스러웠기 때문에 그렇게 부르기도 했지. "옷으로 사람을 평가하는 것은 오랑캐나 하는 짓이다."라는 말은 여기에서 생겨난 거야. 우리 조상들의 지혜를 엿볼 수 있는 말이지?

장도

선사 시대 사람들은 농작물을 따거나 전쟁터에서 무기로 사용하기 위해 돌칼을 늘 차고 다녔대. 그리고 그 풍습이 이어져서 후대까지 남녀 모두 작은 칼인 장도를 차고 다니는 일이 많았지. 남자는 고름이나 허리띠 등에 차고, 여자는 치마허리에 걸거나 노리개 삼아 겉고름이나 안고름에 찼어.

그렇게 물건을 자르기 위해 갖고 다녔던 작은 칼이 차츰 치장하기 위한 용도로 바뀌었어. 그러면서 장도도 다른 장신구들처럼 점점 사치스러워지기 시작했어.

호박이나 금패를 입힌 장도는 상처에 흐르는 피를 멎게 하는 역할을 했어. 한편 여인의 정절을 지키는 절개의 상징으로도 여겨졌지. 은장도에 대한 이야기는 너희도 많이 들어 보았을 거야.

특히 조선 시대에는 여성들에게 정절을 지킬 것을 강요했단다. 심지어 조선 시대 제9대 왕인 성종 때에는 '과부 재가 금지법'이라는 것을 만들어 여성들이 두 번 혼인하지 못하도록 했어.

당시에는 여자아이가 일곱 살이 되면 어머니가 딸에게 은장도를 채워 주면서 이렇게 말하기도 했대.

"여자는 정조를 생명처럼 여겨야 하며, 정조를 잃으면 목숨을 잃은 것과 같으니 정절을 잃을 위험에 처하면 은장도로 가문의 명예를 지켜라."

어때? 은장도는 정절과 열녀의 상징이기도 하지만, 한편으로는 여자를 억압하고 억누르는 역할도 한 것 같지 않니?

장도는 여성의 정절을 상징해.

장도

장도는 정숙한 여자의 상징일까? 아니면 여자를 억누르는 장신구일까?

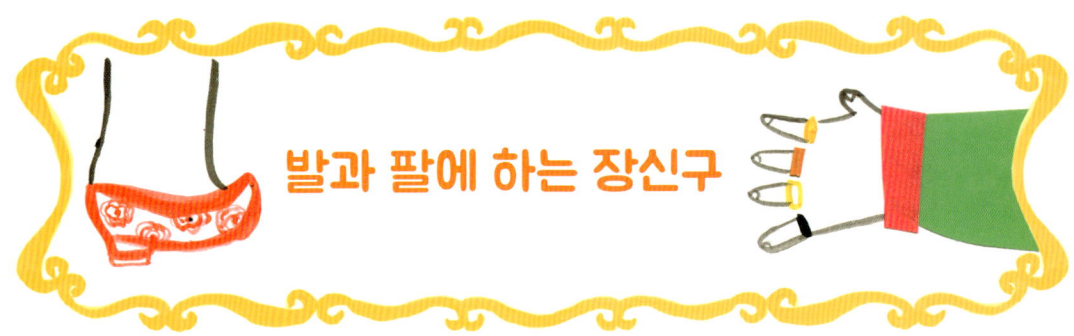

발과 팔에 하는 장신구

가락지

가락지는 한자로 '지환'이라고도 하는데, 고리 두 개를 한 쌍으로 해서 손가락에 끼었어. '남녀가 만나 하나가 된다'는 뜻이 있어서 혼인한 여자만 끼었지. 그러다 남편이 죽으면 가락지 한 짝은 남편 관 속에 넣고 나머지 한 짝은 저고리 고름에 매달았어.

가락지는 은과 백동으로 만들어. 가락지 안쪽은 판판하게 해서 손가락이 잘 들어가게 만들고, 바깥쪽은 통통하게 살이 오르게 만든 다음 무늬를 넣었지. 가락지에 많이 넣었던 무늬는 복을 가져다준다는 박쥐무늬야.

가락지

남자와 여자가 만나 하나가 됨을 뜻하는 장신구가 바로 가락지야.

팔찌

선사 시대에는 먹을 것을 구하기가 쉬운 바닷가에서 많이 살았는데, 이때 사람들은 조개 등을 잡아서 먹고 난 다음에 한곳에 버려 쌓아 두었어. 이게 바로 조개 무덤이야. 그런데 누군가 조개 무덤의 조개를 예쁘게 다듬어 팔에 걸었단다. 거기서 바로 선사 시대 조개 팔찌가 탄생했지.

그때는 남자, 여자 모두 팔찌를 했는데, 좋은 일이 생기게 해 달라고 빌거나 아프지 않게 해 달라는 주문을 외우는 의식을 할 때 끼었어.

은제 꽃 새 타출 무늬 팔찌

삼국 시대나 고려 시대에 들어서는 목걸이, 귀고리처럼 금이나 은, 동, 옥으로 팔찌를 많이 만들었어. 하지만 조선 시대에는 앞서 살펴본 바와 같이 유교의 영향을 받아 팔찌를 하는 일이 줄어들었어.

여러 가지 신발

우리는 걸어 다닐 때 발을 보호하기 위해 신발을 신지. 옛날에는 쉽게 구할 수 있는 짚이나 나무, 부들에서부터 가죽이나 비단, 놋쇠 등의 재료로 신발을 만들었어. 신발을 만드는 재료에 따라 나무로 만든 신은 '극'이라 하고, 가죽으로 만든 신은 '혜'라 하고, 삼실(삼 껍질에서 뽑은 실)로 삼은 미투리는 '구'라 해.

일반 백성들은 볏짚으로 삼은 짚신을 많이 신었어. 형편이 좀 나은 사람들은 삼이나 노 같은 풀로 만든 미투리를 신었지. 나무로 만든 나막신은 비 오는 날이나 질척한 땅에서 신기에 아주 좋았어. 짚신은 비에 젖거나 진흙이 신발 안으로 들어오지만, 나막신은 굽이 있어서 비나 진흙이 들어오지 않았거든.

가죽으로 만든 신발 중에 신발 코와 뒤축에 흰 줄무늬를 새긴 신발을 '태사혜'라고 해. 돈 있는 남자 양반들이 주로 신었지. 여자들은 앞코에 구름무늬를 넣은 '운혜', 코와 뒤꿈치에 당초무늬를 넣은 '당혜'를 신었어. 승려들은 부드러운 검은색 직물로 만든 '흑혜'를 신었지.

눈이 많이 오는 산에 사는 사람들은 물푸레나무 가지를 둥글게 휜 다음 새끼와 짚으로 감아서 만든 '설피'라는 신발을 신었어. 미끄러지지 않도록 신 위에 덧신는 신으로 지금의 스키와 비슷하지. 또한 짚을 높이 삼아 장화처럼 만든 '동구니신'을 신기도 했어. 이것은 지금의 발목 부츠와 비슷해. 밖이 추워 나가지 않을 때 집 안에서는 '노파리'라고 부르는 실내화를 신었단다.

버선

버선이 언제부터 있었는지는 확실하지 않지만, 아주 먼 옛날에는 바지에 달려 있는 모양이었을 것으로 추측해. 삼국 시대에는 비단·명주 등 값비싼 천으로 짓기도 했지. 고려 시대에는 신분을 가리지 않고 흰색 베로 지은 버선을 신었어. 왕과 왕비만 각각 붉은색과 파란색 버선을 신었고. 조선 시대에도 특별한 때가 아니면 신분을 가리지 않고 흰색 베로 지은 버선을 신었어.

버선은 어떤 방법으로 지었느냐에 따라 솜버선·누비버선·겹버선·홑버선·타래버선으로 나누어져. 솜버선은 말 그대로 솜을 두어 두껍게 만든 버선이야. 누비버선은 솜을 두고 누벼서 만든 것으로 추울 때 신지. 겹버선은 솜을 두지 않고 겹으로 만든 버선이야. 홑버선은 홑겹으로 만든 버선으로, 속에 신은 버선이 더러워지지 않도록 덧신는 버선이야.

'오목다리'라고도 하는 타래버선은 돌 무렵 어린아이가 신는 누비버선이야. 어린아이들 버선은 쉽게 더러워져서 솜과 함께 통째로 빨 수 있는 누비버선을 신겼어. 버선코에는 갖가지 색실로 술을 달고 양쪽 볼에는 예쁘게 수를 놓아 아이가 오래 살기를 빌었지. 버선목에는 대님을 달기도 했어.

타래버선

갖고 다니는 장신구

주머니

너희도 명절에 한복 입어 본 적이 있지? 어른들에게 받은 용돈을 넣으려 할 때 혹시 주머니가 없어서 불편하지 않았어? 한복에는 주머니가 없잖아. 그렇다면 옛날 사람들은 작은 물건들을 어떻게 가지고 다녔을까?

옛날 사람들은 남녀를 가리지 않고 따로 주머니를 만들어서 자질구레한 물건을 넣어 다녔어. 주머니에는 물건뿐만 아니라 은은한 향기가 나는 향도 담았단다. '향낭'이라고 하지. 겉에는 매듭이나 술을 달아 멋을 냈어.

주머니는 쓰임새에 따라 수저를 넣는 수젓집, 안경을 넣는 안경집, 담배나 돈을 넣는 쌈지, 도장을 넣는 도장주머니, 약을 넣는 약낭, 붓을 넣는 필낭 등 다양했어. 모양에 따라 모난 모양을 가진 귀주머니와 둥근 모양을 가진 두루주머니가 있고, 장식에 따라 금박을 한 주머니, 수를 놓은 주머니도 있단다.

왕은 용무늬를 수놓은 주머니를, 왕비와 공주는 봉황무늬를 수놓은 주머니를 지녔지. 혼례를 올릴 때에는 노랑 주머니를 사용했어. 씨 박힌 목화 한 송이, 팥 아홉 알을 넣어 자주색 끈목을 꿰어 신랑이 차도록 했지. 아들 아홉에 딸 하나를 두라는 뜻을 담아서 말이야. 또 조선 시대 왕실에서 상을 당했을 때

장생이 수놓아진 오색 주머니

　에는 남자들이 흰 갓을 쓰고, 흰 무명 주머니를 찼단다.
　특별한 날 주머니를 다른 사람에게 선물하는 풍속도 있었어. 갓 혼인한 새댁은 친정에 갔다가 시댁으로 돌아올 때 새댁이 정성껏 만든 복주머니를 시어른들께 드렸지.
　정월의 첫 돼지날에 주머니를 차면 1년 내내 귀신을 물리치고 복이 온다고 믿어서, 궁궐에서는 이날 볶은 콩 한 알씩을 종이 봉지에 싸서 넣은 주머니를 왕실 친척들에게 보내기도 했대.

갈모

비가 올 때 우산 대신 갓 위에 덮어 쓰던 물건이야. 우산처럼 위는 뾰족하고, 펼치면 고깔을 펼친 듯 둥그렇게 펴지기 때문에 비를 피할 수 있지. 접었다 폈다 하는 부채처럼 접으면 날씬해져. 양옆에는 실로 된 끈을 달아서 비가 올 때에는 갓 위에 펼쳐 쓴 뒤 끈을 턱 밑에 매어 고정시켰어.

> 오늘날 우산처럼 쓰였던 갈모야.

갈모

경대

거울을 받쳐 세울 수 있도록 만든 화장대야. 경대 서랍에는 화장품, 분접시 등 화장품과 빗, 빗치개(가르마를 타는 도구), 뒤꽂이, 비녀, 족집게 같은 장신구들을 넣었어. 물론 여자들이 자주 쓰는 실도 넣었지.

옛날 여인들은 아침에 일어나면 경대 앞에 앉아 단장을 했어. 거울을 받쳐 세운 다음, 서랍에서 화장품을 꺼내 화장을 하고 머리를 정돈했지. 경대는 주로 느티나무와 먹감나무로 만들고, 조개껍데기로 장식하거나 쇠뿔을 얇게 오려 붙이고 붉은색을 칠했어. 나뭇결 그대로 멋을 내기도 했고. 경대에는 원앙새, 십장생, 학 등 무늬를 새겨 넣어 운수가 좋기를 바랐단다.

경대

부채

부채는 쓰임새가 참 많아. 더울 때 부쳐서 바람을 일으키기도 하지만, 햇빛을 가리기도 하고, 얼굴을 가리기도 하고, 모기와 파리 등 날벌레를 쫓는 데에도 쓰이지.

옛날에는 혼례식 때에도 부채를 썼고, 무당이 굿을 할 때, 부채춤 등을 출 때, 줄타기를 할 때에 줄 타는 사람이 균형을 잡으려고 쓰기도 했어.

옛날 사람들은 이렇게 여러 곳에 쓰이는 부채를 여러 가지 재료로 만들었단다. 새의 깃털로 만든 깃털 부채, 호랑이 가죽으로 만든 가죽 부채, 비단으로 만든 비단 부채, 종이에 그림이나 글을 써서 만든 종이 부채 등이 있지.

전통 부채로 대표적인 것은 접었다 폈다 하는 합죽선이야. 얇은 살을 만들고 거기에 그림이나 글을 새긴 비단이나 종이를 붙여 완성했어. 자루가 달려 있는 방구부채도 유명한데, 이것은 부챗살에 비단, 종이 등을 붙여 만든 둥근 모양의 부채이지.

별선이라는 특별한 부채도 있어. 혼례식 때 신랑과 신부가 햇빛을 가리거나 임금님이 행차할 때 썼지. 그래서 그 크기가 엄청 커.

부채의 고리나 자루에는 선추라는 장신구를 달았어. 호박이나 백옥, 상아 같은 값비싼 보석을 달았기 때문에 부채보다 장식일 뿐인 선추가 더 비싸기도 했단다.

장신구! 그것이 더 알고 싶다

장신구에 새긴 여러 가지 무늬

사람들은 장신구로 몸을 치장할 뿐만 아니라 장신구에 자신들의 소망을 담았어. 잘살고 싶거나 복을 받고 싶은 마음, 아들을 낳고 싶은 마음을 장신구에 무늬로 새겨 표현했지. 우리 조상들이 어떤 무늬를 어떤 마음으로 넣었는지 알아볼까?

여의주를 얻어 하늘로 올라가리라!
용은 전설에 나오는 동물이야.
풍요로움과 안전, 권위를 상징하지.
옛날 사람들은 장신구뿐만 아니라 대문에도 용 그림을 붙여 나쁜 기운이 집 안으로 들어오지 못하게 했대.

박쥐와 함께라면 복을 받으리라!
박쥐를 뜻하는 한자는 복(蝠 박쥐 복)이야.
우리가 받고 싶어 하는 복(福 복 복)이라는 글자와 음이 같지. 그래서 사람들은 복을 기원할 때 박쥐 그림을 새겨 넣었어.

거북 걸음으로 장수하리라!
거북은 예로부터 장수를 상징하는 동물로 여겼어. 또 알을 많이 낳기 때문에 부자가 되길 바라면서 장신구에 무늬로 새기기도 했지.

🌹 물고기 알처럼 자식을 많이 낳으리라!
물고기는 밤낮으로 눈을 뜨고 있어서
나쁜 기운을 물리쳐 준다고 믿었어.
또 알을 많이 낳는 동물이기 때문에 자식을
많이 얻기를 바라는 마음도 나타냈지.

🌹 나비처럼 즐겁게 날아가리라!
부부가 서로 잘 사는 것을 바랄 때
나비 한 쌍을 그렸어. 나비 그림에
고양이가 함께 있으면 장수를 뜻하기도 해.

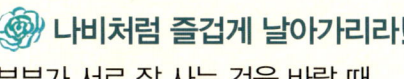

🌹 진흙 속에 피는 아름다운 연꽃이 되리라!
연꽃은 불교에서 부처님을 뜻하는 것으로, 순결을
나타내. 더러운 진흙 속에서도 연꽃은 밝고 깨끗하
게 피어나잖아. 이러한 불교의 뜻을 장신구에 담기
도 했지.

🌹 빨간 석류의 씨앗처럼 아들을 많이 낳고 싶어라!
석류 열매인 빨간 주머니 안에는
씨앗이 많이 들어 있지.
그래서 여자들이 아들을 많이
낳고 싶을 때 석류를 그렸어.

49쪽 미션 해결

머리에 하는 장신구 종류를 세 가지만 말해 봐.

비녀, 떨잠, 족두리, 화관, 첩지,
뒤꽂이, 댕기, 남바위, 전모,
패랭이, 갓 중 세 가지

사람의 일생과 장신구

특별한 날, 더욱 특별한 장신구

장신구 보러 가요~

장신구의 세계로 마지막으로 초대합니다. 여기서는 과거에 급제한 사람이 관모에 꽂는 꽃 모양의 장신구 이름을 말할 수 있어야 빠져나갈 수 있습니다.
다음 장에 나오는 이야기를 잘 읽어 보세요.
(정답은 95쪽에)

공주님! 얼른 오세요~

우리 먼저 가요!

때마다 다른 장신구를 했어

조상들은 살아가면서 특별한 순간을 맞을 때마다 그날에 맞는 옷을 차려입고, 장신구로 꾸몄어. 이처럼 몸치장을 한 것은 특별한 날을 기념하는 것은 물론, 복을 받고 건강하게 살기를 바라는 마음을 드러내기 위해서였지.

 아기가 건강하게 살라는 마음을 담아 입히는 옷, 과거에 급제한 것을 기념할 때 입는 옷, 남녀가 만나 새로운 가정을 이루는 의식인 혼례식에 입는 옷, 사람이 세상을 떠날 때 입는 옷 등 조선 시대에 때마다 다르게 차려입었던 옷차림과 그때마다 빼놓지 않았던 장신구들을 살피러 떠나 볼까?

돌잔치 때의 차림과 장신구
까치두루마기를 입고 타래버선을 신었어

귀엽고 예쁜 남녀 쌍둥이가 돌을 맞았어. 돌은 태어난 지 1년이 되는 날이야. 모두가 축하하는 돌잔치 날 쌍둥이가 어떻게 차려입었는지 살펴볼까?

 남자아이는 저고리에 풍차바지를 입었어. 풍차바지는 어린아이가 대소변을 보기 쉽게 바지 밑을 터서 만든 바지야. 그 위에는 색동으로 덧댄 까치두루마기를 입고, 긴 조끼 모양으로 된 전복을 입었어. 머리에는 남자들의 쓰개인 복건을 쓰고, 발에는 타래버선을 신었지. 타래버선 코에는 색실을 달고 양 볼에 수를 놓아 아름답고 귀엽게 꾸몄어. 허리에 차는 돌띠에는 오방색 오곡 주머니를 달기도 했지.

 여자아이는 돌날에 색동저고리를 입었어. 저고리 깃과 고름은 자주색으로 꾸몄지. 머리에는 검정 공단으로 지은 조바위를 썼는데, 수가 예쁘게 놓인 조바위에는 오색 술을 달기도 했지. 발에는 역시 타래버선을 신었어.

어린이의 차림과 장신구
색동저고리를 입고 댕기를 드렸어

이 책을 읽는 너희들처럼 한창 자라나는 시기에 있었던 옛날 어린이들은 무슨 옷을 입고, 어떤 장신구를 했을까?

남자아이들은 바지와 저고리를 입고 그 위에 마고자를 덧입었어. 밖에 나갈 때는 겉옷으로 오방색을 넣은 까치두루마기나 옷자락이 네 갈래로 되어 있는 사규삼, 또는 조끼 모양의 전복을 입었지. 전복은 원래 조선 시대 무관들이 입는 군복이었는데, 옆과 뒤쪽이 트여 있어 움직이기 매우 편했어. 머리에는 복건이나 호랑이 모양을 장식한 호건을 썼단다.

여자아이들은 시집가기 전까지는 다홍색 치마에 색동저고리를 많이 입었어. 빨간색, 파란색, 노란색, 흰색, 초록색, 분홍색 등 색색의 천으로 저고리 소매나 깃을 예쁘게 장식했단다.

저고리 위에는 조끼처럼 생긴 배자를 입기도 했어. 배자는 소매와 섶, 고름이 없고 왼쪽과 오른쪽 깃 모양이 같은 옷이지. 보통 한복처럼 여며서 입지 않고, 맞닿게 해서 입는 옷이야.

남자아이, 여자아이 모두 봄·여름·가을·겨울 배자를 입었고, 개화기 다음에는 털로 된 배자도 많이 입었어. 참, 배자는 혼례식 날이나 멋을 낼 때에도 많이 입었어.

여자아이들은 머리를 땋아서 끝에 댕기를 드렸어. 그리고 '수혜'라고 하는 꽃신을 신었지. 수혜는 꽃 무늬를 새기거나 여러 가지 빛깔로 곱게 꾸민 신발이야. 한 걸음, 한 걸음 내디딜 때마다 치마 밑에서 언뜻언뜻 보이는 이 꽃신은 매우 아름다웠어. 그래서인지 옛날 여인들은 꽃신 선물을 최고로 쳤단다. 앞부리와 뒤꿈치에 구름무늬를 넣은 신도 있었는데, 이것은 '운혜'라고 해.

장원 급제 때의 차림과 장신구
앵삼을 입고 어사화를 꽂았어

〈춘향전〉이라는 판소리를 들어 본 적 있니? 이야기 속 주인공인 성춘향과 이몽룡은 첫눈에 반해 서로 사랑하는 사이가 돼. 그러나 어느 날 이몽룡이 한양으로 과거를 보러 떠나면서 서로 헤어진단다. 이몽룡 없는 동안 춘향은 그리움에 마음이 아픈 것은 물론, 새로 온 사또에게 괴롭힘을 당하기까지 해. 옥에 갇히는 지경에 이르게 된 춘향은 꿈속에서만 이몽룡을 만날 수 있었어.

그런데 꿈이 이루어진 것일까? 이몽룡이 앵삼을 잘 차려입고, 머리에는 어사화를 꽂고 늠름한 모습으로 나타난 거야. 과거에 급제해서 암행어사가 되어 고향의 춘향에게로 돌아온 거지.

조선 시대에는 이몽룡처럼 과거를 치러 급제한 사람이 나라의 관리가 되었어. 과거는 지금의 공무원 시험 같은 거야. 과거에서 1등으로 합격하는 것을 장원 급제라고 했는데, 장원 급제를 하면 장원한 사람 집안에 큰 영광이었을 뿐 아니라 고을 전체에도 자랑거리였어.

장원 급제한 사람은 연두색 앵삼을 입고, 복두라는 관모를 쓰고, 복두 뒤에 어사화를 꽂았어. 어사화는 다홍색, 보라색, 노란색 등 색색의 종이로 만든 꽃으로 왕이 내리는 장신구야.

또한 장원 급제자는 합격했다는 증서인 홍패를 받고, 어사주라는 술도 마셨지. 또 사흘에서 닷새 동안 음악을 연주하는 악대와 재주를 부리는 광대를 거느리고 거리를 행진했어. 그러면서 친척들과 자신을 가르쳐 준 선배들에게 감사의 인사를 드렸지.

혼례 때의 차림과 장신구
행복한 만큼 화려하게 장식했어

혼례 때에는 신부의 몸치장에 가장 신경을 썼어. 우선 신부는 곱게 화장을 했지. 동백기름이나 아주까리기름(피마자 열매의 씨로 짠 기름)을 머리에 발라 윤을 내고, 얼굴에는 하얗게 보이는 분을 발랐어. 입술과 볼에는 연지를 발랐어. 이마에도 연지로 붉은 점을 찍었고. 그러면 발그스레하니 신부가 참 예뻐 보였어.

가지런히 빗은 머리에는 용잠을 꽂고, 쪽머리에는 긴 비녀를 다시 꽂아서 비녀 양쪽에 댕기를 앞쪽으로 감아 돌려 앞댕기를 드렸어. 앞댕기에는 화려하게 보이도록 수를 놓고 구슬을 달았단다.

쪽머리 뒤쪽에는 도투락댕기를 길게 늘어뜨렸어. 마지막으로 머리 위에 오색 빛깔의 칠보로 장식한 화관을 썼지.

신부의 옷도 살펴볼까? 가문과 자손이 불처럼 크게 일어나라는 뜻이 담긴 빨간 치마를 입고, 자손이 번성하기를 바라는 뜻이 담긴 노랑 저고리를 입었어. 그리고 그 위에 궁중에서 공주가 입던 예복인 활옷이나 왕비가 입던 예복인 원삼을 입었지. 원삼이나 활옷은 원래는 궁중에서만 입는 옷이었지만, 혼례를 올리는 날만은 보통 백성들도 입을 수 있었어.

그럼 늠름한 신랑은 어떻게 치장했을까?

신랑은 궁중 관리들의 궁중 예복 차림으로 혼례를 올렸어. 실제로는 관리가 아닌 보통 백성도 혼례 때만은 고려 시대나 조선 시대에 관리들이 입던 파란 관복을 입고, 머리에는 사모를 썼지. 사모와 관복을 합쳐 보통 '사모관대'라고 해. 관복 위에는 가죽을 비단으로 감싸 만든 허리띠인 '각대'를 둘렀어. 발에는 장화처럼 생긴 '목화'라는 신발을 신었지.

장례 때의 차림과 장신구
가장 좋은 옷을 입고 장신구를 둘렀어

죽은 사람이 입는 옷을 '수의'라고 해. 옛날에는 사람이 죽으면 평소에 입던 옷 중에서 가장 좋은 옷을 입혔대.

돈이 많은 양반이나 왕은 평소 입던 좋은 옷을 그대로 입혔어. 살아생전 관리였던 사람은 관복을 입히고, 머리에 평소대로 망건이나 복건을 씌웠지. 여자는 시집올 때 입었던 원삼을 입혔어. 원삼은 살아 있는 동안 여인들이 입어 본 옷 중에 가장 특별한 옷이었기 때문이야.

부모님이 돌아가셔서 장례를 치르는 사람들은 어떤 옷을 입었을까? 남녀 모두 삼베로 지은 옷을 입었는데 누더기처럼 해서 입었단다. 부모를 잃는 것이 죄라고 여겼기 때문이야.

부모를 잃은 자식들은 삼베옷을 누더기처럼 입고, 요질 허리띠를 둘렀어. 손에는 지팡이를 짚었지.

또 남자는 짚과 삼을 섞어서 굵은 동아줄처럼 만든 '요질'을 허리에 둘렀어. 머리에는 '굴건'이라는 관모를 쓰고, 삼 껍질을 왼쪽으로 꼬아 만든 둥근 테인 '수질'을 다시 둘렀어. 다리에는 '행전'이라는 천을 찼지.

여자는 얼굴에 넓고 긴 삼베 조각을 내려 덮고, 남자와 마찬가지로 다시 수질을 둘렀어. 그리고 미투리를 신었단다.

참, 장례를 치르는 사람들은 슬픔에 몸을 가누기 어려울 것을 대비해 지팡이도 짚었는데, 아버지가 돌아가시면 대나무 지팡이를 짚고, 어머니가 돌아가시면 오동나무 지팡이를 짚었대.

여자는 머리에 수질을 두르고, 미투리를 신었어.

사람이 죽으면 살아생전 입던 옷 중에 가장 좋은 옷을 입혔어.

장신구! 그것이 더 알고 싶다

조상들의 장신구를 직접 만날 수 있는 곳

지금까지 책에서 살펴본 장신구들을 직접 보고, 우리 조상들이 어떻게 옷을 입고 몸을 치장했는지를 모두 체험할 수 있는 박물관이 있어. 바로 국립민속박물관이야. 우리가 관심 갖고 봐야 할 물건들이 무엇이 있나 볼까?

옷감을 만드는 베틀과 옷을 만드는 도구, 남자들과 여자들의 평소 옷차림, 또 신발인 태사혜와 미투리·짚신·꽃신, 머리에 쓰는 모자인 갓·탕건·정자관 등을 비롯해 조상들이 몸을 꾸미는 데에 관련된 모든 것이 전시되어 있어.

특히 여인들이 쓰던 장신구는 지금까지도 그 화려함과 아름다움을 느낄 수 있을 테니 꼭 찾아보도록 해. 떨잠, 뒤꽂이, 비녀 등 이 책에서 보았던 화려하고 아름다운 장신구를 직접 확인해 봐도 재미있을 거야.

뿐만 아니라 몸을 지키기 위해 지니고 다녔던 은장도와 허리에 차고 다녔던 노리개, 옷의 주머니 역할을 하던 두루주머니와 향을 넣어 가지고 다니던 향낭, 장신구를 보관하던 거울 달린 경대 등 실용적으로 쓰인 다른 장신구들도 볼 수 있어.

이곳에서는 먼 옛날 조상들의 옷차림부터 너희 엄마, 아빠가 어릴 적 입었던 옷이나 가졌던 장신구까지 옷과 장신구의 변천사를 한눈에 볼 수 있단다. 그러니 부모님과 함께 꼭 가 보도록 해.

국립민속박물관 www.nfm.go.kr
국립민속박물관 어린이박물관 www.kidsnfm.go.kr

- **위치** 서울 종로구 삼청로 37
- **관람 시간** 9시~6시
- **문의 전화** 02-3704-3114

그 밖에 장신구에 대해 공부할 수 있는 박물관

 보나장신구박물관 www.bonamuseum.com

우리 민족 고유의 정서가 담긴 아름다운 유물이 전시되어 있는 장신구 전문 박물관이에요.

- **위치** 서울 종로구 관훈동
- **관람 시간** 화요일~토요일: 10시 30분~6시 30분   일요일: 12시~6시
- **문의 전화** 02-732-6621

 세계장신구박물관 www.wjmuseum.com

세계 전통 장신구를 수집, 보존하고 전시하는 박물관이에요.

- **위치** 서울 종로구 화동
- **관람 시간** 수요일~일요일: 11시~5시
- **문의 전화** 02-730-1610

83쪽 미션 해결

과거에 급제한 사람이 관모에 꽂는 꽃 모양의 장신구 이름은 무엇일까?
어사화

사진 출처

- 20쪽 진주_위키피디아
- 21쪽 호박, 금_위키피디아
- 29쪽 조가비 탈_국립중앙박물관
- 30쪽 말모양띠고리_국립중앙박물관
- 31쪽 대롱옥 목걸이_국립중앙박물관
- 33쪽 금동투각일상문 장식_공유마당
- 34쪽 무령왕 금귀고리, 무령왕비 금제관식, 무령왕 금제 뒤꽂이_국립중앙박물관
- 36쪽 금관총 금관, 경주 부부총 금귀고리, 경주 금령총 목걸이_국립중앙박물관
- 37쪽 가야 구슬옥 목걸이_국립중앙박물관
- 39쪽 금으로 된 꾸미개_국립중앙박물관
- 40쪽 족두리_국립민속박물관
- 42쪽 매죽비녀, 떨잠_국립민속박물관 | 백옥 향갑 노리개_국립중앙박물관
- 46쪽 거울_국립민속박물관
- 47쪽 참빗_국립민속박물관 | 은제 산호 장식 장도_국립중앙박물관
- 51쪽 용잠, 흑각비녀_국립민속박물관
- 52쪽 은제 산호 머리꾸미개(떨잠)_국립민속박물관
- 53쪽 족두리_국립민속박물관
- 55쪽 화관_국립민속박물관
- 56쪽 첩지_한솔수북
- 57쪽 뒤꽂이_국립민속박물관
- 58쪽 제비부리댕기_국립민속박물관
- 59쪽 고이댕기_한국학중앙연구원 | 도투락댕기_국립민속박물관 | 배씨댕기_한솔수북
- 60쪽 남바위_국립민속박물관
- 61쪽 전모_한국학중앙연구원
- 62쪽 패랭이_국립민속박물관
- 63쪽 갓_국립민속박물관
- 65쪽 대삼작노리개_국립민속박물관
- 66쪽 목걸이_국립중앙박물관
- 67쪽 단추_국립민속박물관
- 69쪽 장도_국립중앙박물관
- 70쪽 가락지_국립민속박물관
- 71쪽 은제 꽃 새 타출 무늬 팔찌_국립중앙박물관
- 73쪽 설피, 태사혜, 나막신, 짚신_국립민속박물관
- 74쪽 타래버선_국립민속박물관
- 76쪽 장생이 수놓아진 오색 주머니_국립중앙박물관
- 77쪽 갈모, 경대_국립민속박물관
- 79쪽 합죽선_국립민속박물관 | 태극 모양 부채_국립중앙박물관
- 89쪽 어사화 관모_국립중앙박물관
- 95쪽 국립민속박물관_위키피디아

＊한솔수북은 이 책에 실린 사진의 출처를 찾기 위해 최선을 다했습니다.
　누락이나 착오가 있다면 다음 쇄를 찍을 때 꼭 수정하겠습니다.

마무리 퀴즈

장신구와 우리나라 문화에 대해 잘 알아보았니? 마지막으로 퀴즈를 풀며 내용을 정리해 보자.

정답은 바로 뒤 페이지에 있어!

퀴즈 1 조선 시대 부인들이 멋을 부리기 위해서 머리 위에 덧붙여 올리던 커다란 다른 머리를 뭐라고 부를까?

퀴즈 2 소나무나 잣나무 껍데기에서 나오는 송진이 굳어져서 만들어지며, 동곳이나 노리개를 만들 때 많이 썼던 이것은 무엇일까?

퀴즈 3 재산과 힘을 가진 사람이 지배 계층이 되고, 이 지배 계층이 청동 금속으로 장신구를 만들어 쓰기 시작한 때는 언제일까?

퀴즈 4 '금동투각일상문'은 용과 불꽃이 새겨져 있어 힘과 기상이 느껴지는 왕관 장식이야. 삼국 중 어느 나라의 것일까?

퀴즈 5 벽돌로 만든 백제 왕의 무덤으로, 금뒤꽂이, 금귀고리, 청동 거울, 장식 칼 등이 나와 백제 문화를 엿볼 수 있는 유적은 어디일까?

퀴즈 정답

정답 1 가체
18쪽에 나오는 열세 살 신부의 이야기를 살펴봐. 머리에 덧붙인 가체가 너무 무거워서 목을 가누기조차 힘들었대.

정답 3 청동기 시대
30쪽을 살펴봐. 지배 계층은 높은 신분과 역할을 나타내기 위해 당시 흔히 구할 수 없었던 청동으로 장신구를 만들어 몸에 지녔어.

정답 2 호박
송진이 화석이 되면서 만들어져. 그래서 곤충이나 식물 등이 들어가 있는 호박도 있어.

정답 5 무령왕릉
35쪽을 살펴봐. 백제 왕들은 죽어서까지 자신의 지위를 드러내려고 무덤에 묻힐 때 화려한 장신구를 함께 넣었어.

정답 4 고구려
32쪽을 살펴봐. 고구려는 힘과 패기가 넘치는 활기찬 나라였어. 그래서 고구려 장신구에서도 역동성을 느낄 수 있지.

퀴즈 6 고려 시대 장신구에는 이 꽃이 새겨진 것이 많아. 진흙 속에서도 깨끗하게 피어나서 부처님을 상징하는 이 꽃은 무엇일까?

퀴즈 7 중국 원나라에서 전래된 것으로, 신부가 혼례를 올릴 때 머리에 쓰던 장신구를 뭐라고 할까?

퀴즈 8 조선 시대 신분이 낮은 남자들이 쓰던 모자야. 패랭이꽃과 닮은 이 모자의 이름은 무엇일까?

퀴즈 9 물푸레나무 가지를 둥글게 휜 다음 새끼와 짚으로 감아서 만들어. 눈이 많이 올 때 신는, 스키와 비슷한 이 신발의 이름은 무엇일까?

퀴즈 10 돌 무렵의 어린아이가 신는 누비버선으로 오목다리라고도 불러. 갖가지 색실로 술을 달거나 수를 놓아 꾸민 이 버선의 이름은 무엇일까?

야호! 퀴즈 열 개를 다 풀었다. 우리는 이제 장신구 박사!

정답 7 족두리
40, 53쪽을 살펴봐. 족두리는 지금도 전통 결혼식을 올릴 때나 폐백을 드릴 때 사용해.

정답 6 연꽃
39쪽을 살펴봐. 고려는 불교를 국교로 받아들였어. 불교가 사람들 생활에 깊이 뿌리내리면서 불교를 상징하는 연꽃무늬도 장신구에 많이 새겨 넣었지.

정답 9 설피
72쪽을 살펴봐. 눈길에서 미끄러지지 않도록 신 위에 설피를 덧신었어. 오늘날 스키와도 비슷해.

정답 8 패랭이
62쪽을 살펴봐. 대나무를 가늘게 쪼개 엮어서 만든 모자야. 장사하러 다니던 상인인 보부상들은 여기에 목화송이를 얹어서 쓰기도 했대.

> 퀴즈를 잘 풀어 보았니? 몇 개 맞았는지도 확인해 봐!

- **9개 이상**: 우아~ 장신구 박사가 다 되었구나.
- **6개 이상**: 대단한걸. 책을 꼼꼼하게 잘 읽었구나.
- **3개 이상**: 잘했는데, 틀린 부분은 다시 한 번 살펴보면 좋겠어.
- **1개 이상**: 힘내! 책을 한 번 더 읽으면 장신구 박사가 될 수 있어!

정답 10 타래버선
74, 84쪽을 살펴봐. 빨기 쉬워서 아이가 신기에 좋아. 아이가 병들지 않고 오래 살라는 뜻을 담아서 버선을 예쁘게 꾸몄지.